FLAMMES D'AMOUR :
THÉRÈSE ET JEAN

DU MÊME AUTEUR

AUX ÉDITIONS DES LETTRES MODERNES

Le Thème de la mort dans les romans de Georges Bernanos, Minard, 1955. Deuxième édition, 1967.

AUX ÉDITIONS DU CERF — DESCLÉE DE BROUWER

La Passion de Thérèse de Lisieux, 1972 et 1993 (traduction en cinq langues).
Collectif : *Œuvres de sainte Thérèse de l'Enfant-Jésus et de la Sainte-Face* (8 volumes), Nouvelle Édition du Centenaire, 1992.

AUX ÉDITIONS DU CERF

Histoire d'une vie, Thérèse Martin, 1972 (traduction en quatorze langues).
Prier dans les villes, 1979, collection « Foi Vivante », 1993.
Georges Bernanos ou l'invincible espérance (Plon, 1962), 1994.
Thérèse de Lisieux, livre pour enfants, coll. « Phares », illustrations de Chica, 1983.
Thérèse de Lisieux, livre pour enfants, en collaboration avec P. DESCOUVEMONT, photos de H. N. LOOSE, 1992.

AUX ÉDITIONS DU SEUIL

Jeanne et Thérèse, en collaboration avec Régine Pernoud et Geneviève Baïlac, 1984.

AUX ÉDITIONS DESCLÉE DE BROUWER

Prier à Lisieux avec Thérèse, 1994.

AUX ÉDITIONS DU SIGNE

Sainte Thérèse de Lisieux. De Lisieux aux extrémités du monde, revue illustrée, 1994.

GUY GAUCHER

Évêque auxiliaire de Bayeux et Lisieux

FLAMMES D'AMOUR : THÉRÈSE ET JEAN

L'influence de
saint Jean de la Croix
dans la vie et les écrits
de
sainte Thérèse de Lisieux

Épiphanie — Carmel Initiations

LES ÉDITIONS DU CERF

PARIS
1997

MAXIMES ET AVIS SPIRITUELS

DE NOTRE BIENHEUREUX PÈRE

SAINT JEAN DE LA CROIX

——

Publié par les Carmélites de Paris

IBRAIRIE RELIGIEUSE H. OUDIN

PARIS	POITIERS
10, RUE DE MÉZIÈRES, 10	4, RUE DE L'ÉPERON, 4

—

1895

Fac-similés des éditions de saint Jean de la Croix à l'usage de sœur Thérèse de l'Enfant-Jésus et de la Sainte-Face.

LE
CANTIQUE SPIRITUEL

ET

LA VIVE FLAMME D'AMOUR

PAR LE

BIENHEUREUX PÈRE SAINT JEAN DE LA CROIX

Premier Carme déchaussé et Directeur de Sainte Thérèse.

Traduction nouvelle faite sur l'édition de Séville de 1702

PUBLIÉE

PAR LES SOINS DES CARMÉLITES DE PARIS

Édition augmentée des Lettres du P. Berthier sur la Doctrine spirituelle
de Saint Jean de la Croix,
et d'une Analyse de ses Œuvres en deux sermons,
par Mgr Landriot, archevêque de Reims.

TOME PREMIER

PARIS

CH. DOUNIOL ET Cⁱᵉ, LIBRAIRES-ÉDITEURS

RUE DE TOURNON, 29.

1875

Illustration de couverture :
Statue de saint Jean de la Croix du Chauffoir au carmel de Lisieux. Photographie de sœur Thérèse de l'Enfant-Jésus, de juillet 1896, tenant les *Maximes* de saint Jean de la Croix (cliché O.C.L. 36A).

© *Les Éditions du Cerf,* 1996
(29, boulevard Latour-Maubourg, 75340 Paris Cedex 07)
ISBN 2-204-05491-7
ISSN 1158-7571

SIGLES UTILISÉS

AL	Revue *Annales de Lisieux.*
Ms A	Manuscrit A de Thérèse, écrit pour Mère Agnès de Jésus (1895), avec le folio.
Ms B	Manuscrit B de Thérèse, écrit pour sœur Marie du Sacré-Cœur (sept. 1896), avec le folio.
Ms C	Manuscrit C de Thérèse, écrit pour Mère Marie de Gonzague (juin-juillet 1897), avec le folio.
BT	*La Bible avec Thérèse de Lisieux*, Cerf-DDB, 1979.
CG	*Correspondance générale* de Thérèse, Cerf-DDB, 1972-1973 (2 volumes : CG I et CG II).
CJ	*Carnet jaune* de Mère Agnès de Jésus, où elle a consigné les *Derniers Entretiens* de Thérèse (DE).
CRM	*Carnet rouge*, rédigé par sœur Marie de la Trinité, publié dans VT 74 et 75.
CSM	*Conseils et Souvenirs*, rédigés par sœur Marie de la Trinité, publiés dans VT 73 et 77.
CS	Le *Cantique spirituel* de saint Jean de la Croix. Thérèse a lu le Cantique spirituel B (CSB).
CSG	*Conseils et Souvenirs* de sœur Geneviève (Céline Martin), Cerf, 1973.
DE *	*Derniers Entretiens*, Cerf-DDB, 1971.
DE / G	*Derniers Entretiens* recueillis par sœur Geneviève.
LC	Lettres des correspondants de Thérèse.
LT	Lettres de Thérèse, numérotées.
MC	*La Montée du Carmel* de saint Jean de la Croix.
NEC	Nouvelle Édition du Centenaire, 8 vol.
NPPA	Notes des Carmélites, préparatoires au Procès apostolique de Thérèse.
NO	*La Nuit obscure* de saint Jean de la Croix.
Œ / J	*Œuvres complètes* de saint Jean de la Croix, en un volume, Cerf, 1990.
Œ / T	*Œuvres complètes* de sainte Thérèse de Lisieux, en un volume, Cerf-DDB, 1992.

PA	*Procès apostolique* (1915-1917), Rome, 1976.
PO	*Procès de l'ordinaire* (1910-1911), Rome, 1973.
PN	*Poésies* de Thérèse, Cerf-DDB, 1979, numérotées.
Pri	*Prières* de Thérèse, Cerf-DDB, 1988, numérotées.
RP	*Récréations pieuses* de Thérèse, numérotées (*Théâtre au Carmel*, Cerf-DDB, 1985).
VFA	*La Vive Flamme d'Amour* de saint Jean de la Croix.
VT	Revue *Vie thérésienne*, Lisieux (31 rue du Carmel, 14100 Lisieux).
VTL	*Visage de Thérèse de Lisieux*, OCL, 2 volumes, 1961. Photographies de Thérèse numérotées.

Note : les sigles des références bibliques sont ceux de la Bible de Jérusalem, Cerf.

* Sur la valeur historique et spirituelle des *Derniers Entretiens* (paroles de Thérèse malade recueillies par Mère Agnès de Jésus et ses sœurs), cf. mon introduction aux *Derniers Entretiens*, Nouvelle Édition du Centenaire, Cerf-DDB, 1992, pp. 21-146. Pour une étude critique de chaque parole, on se reportera à la synopse des quatre versions de Mère Agnès de Jésus, appelée *Dernières Paroles* (NEC, 1992, 504 p.).

« *Ah ! c'est incroyable comme toutes mes espérances se sont réalisées. Quand je lisais saint Jean de la Croix, je suppliais le bon Dieu d'opérer en moi ce qu'il dit, c'est-à-dire la même chose que si je vivais très vieille ; enfin de me consommer rapidement dans l'Amour, et je suis exaucée !* »

(CJ 31. 8. 9.)

« *La plus illustre des filles de saint Jean de la Croix...* »

P. Marie-Eugène de l'Enfant-Jésus
(*Je veux voir Dieu*, p. 698.)

AVANT-PROPOS

Cette étude est née dans le sillage du IVe centenaire de la mort de saint Jean de la Croix, célébré en 1991. Mes frères carmes m'avaient demandé trois conférences sur l'influence du saint espagnol sur la vie et les œuvres de sainte Thérèse de Lisieux.

Il me semblait bien difficile de « tenir » trois heures sur un tel sujet. En fait, après avoir travaillé, j'arrivais à sept conférences, tant la matière abondait.

D'autres la traiteront un jour d'une manière plus exhaustive : magnifique sujet de thèse !

Mon objectif est plus modeste : suivre d'abord historiquement, dans la vie de sœur Thérèse, la place de sa lecture de certains écrits du carme espagnol et relever son influence à propos des trois vertus théologales, dans l'ordre suivant : l'Amour, la Foi, l'Espérance, pour terminer par « la mort d'Amour ».

Je n'avais aucune idée *a priori* en commençant ce travail : ce plan s'est donc imposé de lui-même [1].

---

1. *A posteriori*, ce plan se révèle fidèle à la pensée de saint Jean de la Croix qui accorde une place essentielle aux trois vertus théologales (surtout en MC 2). Les trois vont toujours de pair (MC 2,24,8 ; OE/J, p. 752). Le carme a attribué une couleur à chacune : le blanc pour la foi, le vert pour l'espérance, et le rouge pour la charité (NO 2,21,3 ; OE/J, p. 1045).

Je souligne que je ne vise pas à *comparer* les œuvres de ces deux grands saints, mais seulement à mettre en évidence l'influence du « père » espagnol sur sa « fille » française.

Nous allons célébrer bientôt un autre centenaire : celui de « l'entrée dans la vie » (LT 244) de Thérèse le 30 septembre 1897. Je lui offre ces pages en hommage de reconnaissance, pour tout ce qu'elle a donné, donne et donnera à l'Église et au monde.

Guy GAUCHER

CHAPITRE PREMIER

DES BUISSONNETS
À L'INFIRMERIE DU CARMEL...

> *« Que de lumières n'ai-je pas puisées dans les œuvres de Notre Père saint Jean de la Croix ! »*

Thérèse (Ms A, 83r°.)

Tous les articles que nous avons pu consulter concernant l'influence de saint Jean de la Croix sur sœur Thérèse de l'Enfant-Jésus citent évidemment la fameuse phrase de son premier manuscrit : « Ah ! que de lumières n'ai-je pas puisées dans les œuvres de Notre Père saint Jean de la Croix !... À l'âge de 17 et 18 ans je n'avais pas d'autre nourriture spirituelle... » (Ms A, 83rº.)

Avant de commenter ces lignes, il faut lire la suite de la citation : « mais plus tard tous les livres me laissèrent dans l'aridité et je suis encore dans cet état ». Sœur Thérèse ajoute que dans son « impuissance l'*Écriture Sainte* et l'*Imitation (de Jésus-Christ)* viennent à son secours (...) Mais c'est par-dessus tout l'Évangile qui m'entretient pendant mes oraisons, en lui je trouve tout ce qui est nécessaire à ma pauvre petite âme. »

On a habituellement déduit de ce passage que l'influence de saint Jean de la Croix n'avait touché Thérèse que durant deux années (1890-1891) et qu'elle s'en était ensuite libérée.

Un simple travail chronologique montre que, non seulement il n'en est rien, mais que saint Jean de la Croix l'a en fait suivie jusqu'à sa mort.

Ce premier chapitre veut démontrer à l'aide de faits, de

textes et de témoignages, que le carme espagnol a profondément imprégné la vie, la pensée et les attitudes de la jeune carmélite lexovienne tout au long de sa vie carmélitaine.

* * *

Commençons par rappeler quelques faits trop méconnus concernant la place de saint Jean de la Croix en France au XIXe siècle et spécialement dans les carmels.

Nous avions recueilli quelques éléments à ce sujet lorsqu'est parue la remarquable étude d'André Bord, *Saint Jean de la Croix en France* [1], qui nous dispense d'effectuer tout autre exploration historique.

J'avais relevé, pour ma part, que Mgr Saudreau, historien de la spiritualité, avait écrit : « L'auteur espagnol passait encore pour un auteur obscur à la fin du siècle ; il était peu lu et on ne voyait presque jamais alléguer son autorité [2]. »

André Bord peut très largement étayer cette affirmation. Il suffira de lui emprunter quelques conclusions.

Au XVIIIe siècle, « l'influence semble brusquement stoppée. Alors que Jean est béatifié en 1675, puis canonisé en 1726, la condamnation de Fénelon, en 1699, porte un coup presque mortel, pendant tout le XVIIIe siècle, non seulement aux déformations, mais à la mystique elle-même. La traduction de Cyprien de la Nativité de la Vierge par exemple, attendra près de trois siècles avant d'être rééditée ; elle existe néanmoins dans les bibliothèques : Valéry et Baruzi, vers 1910, sauront bien la découvrir et la distinguer. À la fin du XIXe siècle, on constate un réveil : après les

---

1. Beauchesne, 1993.
2. *La Spiritualité moderne*, Bloud et Gay, 1940, p. 82.

rééditions et la publication de la traduction Maillard par Migne, un évêque, Mgr Gilly, fait sa propre traduction ainsi que les carmélites de Paris qui vont permettre à Thérèse de l'Enfant-Jésus d'être fille de saint Jean de la Croix, et qui prônent ainsi une constante fidélité au docteur mystique[1]. »

Passe encore que saint Jean de la Croix ait été méconnu du « grand public » chrétien. Mais dans les carmels français d'où venait cette ignorance d'un des maîtres de la Réforme carmélitaine ?

Lointainement, le fait que, dès les débuts du carmel espagnol en France, les carmels aient été écartés au profit du cardinal de Bérulle a pu favoriser cet éloignement[2]. La sève sanjuaniste a pu quelque peu se tarir dans les rameaux français du Carmel.

Si on braque le projecteur sur le carmel de Lisieux dans le dernier quart du XIXᵉ siècle, on se demande qui aurait pu lire les œuvres de Jean de la Croix avec profit. L'ensemble de la communauté (vingt-six sœurs) lit relativement peu. N'oublions pas que l'instruction de la femme française à la fin du XIXᵉ siècle reste très limitée.

Saint Jean de la Croix est un auteur difficile. Sa réputation d'auteur « mystique » dans un pays qui, depuis les querelles Bossuet-Fénelon du XVIIᵉ siècle, redoute « l'illuminisme », ne favorise guère une approche confiante. On vénère le saint espagnol, compagnon inséparable de la Madre Thérèse d'Avila, mais on ne le connaît guère[3].

Pourtant, voici qu'approche l'année 1891. Comment ne

---

1. *Op. cit.*, pp. 230-231.

2. Cf. S.-M. Morgain, *Pierre de Bérulle et les Carmélites de France*, Cerf, 1995, 592 pages.

3. Une anecdote révélatrice. Lorsque le Père Henri Grialou (28 ans) entra en 1922 au noviciat du couvent des carmes d'Avon, le maître des novices lui retira l'exemplaire des œuvres de saint Jean de la Croix qu'il apportait. Mais voyant le livre extrêmement annoté, il le lui rendit.

pas célébrer le IIIe centenaire de la mort du saint espagnol ? À cette occasion, une édition de ses œuvres paraît et le carmel de Lisieux acquiert les volumes des « Carmélites de Paris »[1].

Le carmel de Lisieux participe, à sa manière, aux célébrations commémoratives. En ce temps-là, on célébrait le *dies natalis* du saint le 24 novembre. Ce jour de 1891, Mgr Flavien Hugonin, évêque de Bayeux et Lisieux, clôtura le triduum donné par le P. Déodat de Basly, récollet de Rennes, au carmel de Lisieux les 22, 23, 24 novembre[2]. À cette occasion, Monseigneur était entré en clôture. Il y retrouva la jeune Thérèse qui lui avait rendu visite à Bayeux, quatre ans auparavant, pour lui demander d'entrer au Carmel à quinze ans[3]. Laissons la parole à cette dernière : « ... sa Grandeur fut toujours bien bonne pour moi, je me souviens surtout de sa visite à l'occasion du centenaire de N. P. St Jean de la Croix. Il me prit la tête dans ses mains, me fit mille caresses de toutes sortes, jamais je n'avais été aussi honorée[4] ! »

Il serait intéressant de connaître quels furent les enseignements du P. Déodat de Basly durant ces trois jours. Remarquons que, le 23 novembre, Mgr Hugonin assistait à la conférence du P. Vallée[5], o.p., qui, lui, donnait un triduum au carmel de Caen. Ces textes ont été publiés chez Lethielleux en 188 pages. Soulignons simplement — mais c'est très révélateur — que le prédicateur résume *La Montée du mont Carmel* et *La Nuit obscure*, ignorant le

---

1. Édition commencée en 1875. Éd. Douniol et Cie.
2. Cf. *Livre des fondations du carmel de Lisieux*, t. III, p. 177.
3 Cf. Ms A, 54v°.
4. Ms A, 72v° et CG II, p. 673, note I.
5. Il s'agit du P. Vallée (1841-1927), dominicain bien connu, qui joua un rôle important dans la vie de la bienheureuse Élisabeth de la Trinité au carmel de Dijon.

Cantique spirituel et *La Vive Flamme d'Amour*. La partie ascétique est privilégiée, selon les idées de l'époque.

Revenons à la jeune sœur Thérèse au carmel de Lisieux. Le jour même, ce 24 novembre, elle « tire » dans une corbeille — selon une coutume carmélitaine — un papier sur lequel se lit le testament de saint Jean de la Croix : « Ma fille, je vous laisse mon dépouillement intérieur. L'Âme qui veut posséder Dieu entièrement doit renoncer à tout pour se donner tout entière à ce grand Dieu [1] !... »

Pour cette fête, avec ses compagnes, elle a réalisé des images, avec ou sans reliques incorporées [2].

Soulignons qu'en cette année 1891 un certain nombre d'évêques adressèrent une supplique à Rome pour que le carme espagnol soit proclamé docteur de l'Église.

Mais la demande n'aboutit pas [3]. N'est-ce pas révélateur de l'oubli dans lequel un saint de cette envergure était tombé ? Il avait pourtant été béatifié et canonisé. Que fallait-il attendre pour reconnaître l'éminence de sa doctrine ? Trente-cinq ans seront nécessaires pour y parvenir !

Pour sa part, la jeune Thérèse n'avait aucun doute à ce sujet : par la prière, elle s'associait à la démarche épiscopale [4] répercutée par diverses publications. Il est intéressant de relever ces lignes dans la bulle de Pie XI qui déclarera saint Jean de la Croix docteur de l'Église le 24 août 1926 : « Dès 1891, à l'occasion du IIIe centenaire de sa mort, plu-

1. CG II, p. 618 et Œ/T, p. 1233.
2. Quelques exemples dans l'album de P. Descouvemont-H. N. Loose, *Thérèse et Lisieux*, Cerf, OAA, OCL, Novalis, 1991, pp. 170-173 et, des mêmes auteurs, *Sainte Thérèse de Lisieux. La vie en images*, 1995, pp. 350-354.
3. P. S.-J. Piat, *Saint Jean de la Croix et la belle aventure thérésienne*, VT 19, juillet 1965, p. 150.
4. Sœur Marie de la Trinité, VT 77, p. 50. Cf. le livre du R.P. Alphonse Marie de Jésus, *Vie de saint Jean de la Croix*, Lyon, Vitte, 1891, traduit de l'italien par l'abbé Feige, appendice destiné à promouvoir la cause du doctorat de saint Jean de la Croix, pp. 112-114.

sieurs cardinaux, ainsi que l'épiscopat espagnol, supplièrent instamment Notre Prédécesseur, le Pape Léon XIII, de vouloir bien déclarer saint Jean de la Croix docteur de l'Église ; ensuite les recteurs des universités catholiques et les supérieurs des communautés religieuses ne cessèrent d'adresser à ce sujet des vœux au Saint-Siège. »

Lorsque Thérèse évoque ses « 17 et 18 ans », cela renvoie précisément aux années 1890 et 1891. Elle a fait profession le 8 septembre 1890, et 1891 (avec la retraite du P. Alexis Prou, en octobre) est une année importante dans sa vie spirituelle, nous le verrons. C'est précisément en ces années-là qu'elle dit se nourrir des œuvres de saint Jean de la Croix, au grand étonnement de ses compagnes d'ailleurs. Deux témoignages l'attestent. Celui de sœur Marie des Anges, maîtresse des novices, au Procès apostolique : « Elle aimait par-dessus tout le saint *Évangile*, les livres saints, le *Cantique des Cantiques*, les œuvres de saint Jean de la Croix. Je ne sais si elle avait 17 ans, elle me parla de certains passages de sa mysticité (sic) avec une intelligence tellement au-dessus de son âge, que j'en restai tout étonnée [1]. » Et celui de Mère Hermance du Cœur de Jésus, rapporté par Mère Agnès de Jésus : « Un jour pendant son noviciat, sœur Thérèse de l'Enfant-Jésus parla en récréation de la doctrine de saint Jean de la Croix avec une ancienne Mère qui avait été prieure du carmel de Coutances. Celle-ci me dit ensuite avec étonnement : " Est-ce possible qu'une enfant de 17 ans comprenne ces choses et en discoure d'une telle façon ! C'est admirable, je n'en reviens pas " [2]. »

À plus forte raison, les autres carmélites ne devaient pas « en revenir », car un certain nombre n'avait sûrement jamais lu l'auteur de *La Vive Flamme*.

1. PA, p. 350.
2. Mère Agnès de Jésus, NPPA, réputation de sainteté, CG I, p. 543.

« *Souffrir et être méprisée* »

À quelle époque Thérèse Martin a-t-elle rencontré saint Jean de la Croix ? Il semble bien improbable qu'elle n'en ait pas entendu parler dans sa famille, aux Buissonnets, surtout avec deux sœurs qui allaient entrer au Carmel : Pauline, le 2 octobre 1882, Marie, le 15 octobre 1886.

Le soir, aux Buissonnets, on lisait l'*Année liturgique* de Dom Guéranger. On achetait les volumes au fur et à mesure de leur parution. C'est dans le sixième volume que se trouve la vie de saint Jean de la Croix. Par ailleurs, dans les feuillets de l'abbé Bourbonne, la jeune Thérèse a pu trouver quelques renseignements sur le carme [1].

Une remarque de Céline se révèle très précieuse : « Que de fois depuis son adolescence, n'avait-elle pas répété, avec enthousiasme, cette parole de saint Jean de la Croix : " Seigneur, souffrir et être méprisée pour vous ! " C'était le thème de nos aspirations quand aux fenêtres du Belvédère nous devisions ensemble sur la vie éternelle [2]. »

Thérèse a gardé un souvenir prégnant de ces soirées au Belvédère de l'été 1887 : elle avait quatorze ans et demi, Céline dix-huit. Voici comment elle les évoque, en 1895, précisément sous le signe de saint Jean de la Croix :

« Jésus qui voulait nous faire avancer ensemble, forma dans nos cœurs des liens plus forts que ceux du sang. Il nous fit devenir *sœurs d'âmes*, en nous se réalisèrent ces paroles du Cantique de St Jean de la Croix (parlant à

---

1. *Petites Fleurs ou Extraits de la doctrine et de la vie des saints et des auteurs approuvés* (CG I, p. 349 et DE, p. 476).
2. CSG, p. 18.

l'Époux, l'épouse s'écrie) : " En suivant vos traces, les jeunes filles parcourent légèrement le chemin, l'attouchement de l'étincelle, le vin épicé leur font produire des aspirations divinement embaumées. " Oui, c'était bien *légèrement* que nous suivions les traces de Jésus, les étincelles d'amour qu'Il semait à pleines mains dans nos âmes, le vin délicieux et fort qu'Il nous donnait à boire faisait disparaître à nos yeux les choses passagères et de nos lèvres sortaient des aspirations d'amour inspirées par Lui. Qu'elles étaient douces les conversations que nous avions chaque soir dans le belvédère [1] ! » (Ms A, 47v°/48r°, citant CS, str. 25.)

De son côté, Céline, devenue sœur Geneviève, ayant lu ces lignes de sa jeune sœur, a donné sa version :

« Ces conversations au Belvédère m'ont laissé un souvenir si profond, si net que je me les rappelle comme si c'était hier. Ce que Thérèse en a écrit dans l'*Histoire d'une Âme*, non seulement ne me paraît pas exagéré, mais semble plutôt au-dessous de la réalité. (...) Souvent, nous commencions par répéter avec une incroyable ardeur ces paroles de saint Jean de la Croix qui nous enflammaient de désir et d'amour : " Seigneur ! souffrir et être méprisé pour vous. " Oui, nous y aspirions de toutes nos forces [2]. »

Plus tard, lorsqu'au parloir du carmel Thérèse parlera avec Céline de l'épreuve de leur père humilié, interné au Bon Sauveur de Caen, elle évoquera leurs conversations du Belvédère :

« Et qui pourra dire les parloirs que nous avions ensemble ?... Ah ! loin de nous séparer les grilles du Carmel unissaient plus fortement nos âmes, nous avions les mêmes pensées, les mêmes désirs, le même *amour* de

---

1. Ms A, 47v°/48r°, citant CS, str. 25. Dans les citations, les soulignements sont de Thérèse.
2. CSG, 1952, 1re éd., pp. 203-205. Ce texte a disparu dans les éditions suivantes.

Jésus et des *âmes*... Lorsque Céline et Thérèse se parlaient, jamais un mot des choses de la terre ne se mêlait à leurs conversations qui déjà étaient toutes dans le Ciel. Comme autrefois dans le *belvédère*, elles rêvaient les choses de l'*éternité* et pour jouir bientôt de ce bonheur sans fin, elles choisissaient ici-bas pour unique partage " La souffrance et le mépris " » (Ms A, 73v°).

Nous retrouvons la célèbre maxime de saint Jean de la Croix, déjà évoquée : « Souffrir et être méprisé. »

Cette maxime, la jeune Thérèse de treize ans l'avait calligraphiée le 8 février 1886 sur une page d'écriture faite à l'école Notre-Dame du Pré. Le P. Emmanuel Renault a souligné l'importance de cette découverte [1]. L'élève a-t-elle copié un texte ou a-t-elle composé elle-même ces phrases ? Il est à noter qu'elle a calligraphié : « Seigneur, souffrir et être méprisée » en mettant le texte au féminin.

Cette affirmation ne lui était pas étrangère. Elle qui fréquentait assidûment l'*Imitation de Jésus-Christ* et en savait des passages par cœur, avait lu : « Jésus-Christ a voulu souffrir et être méprisé » (II,1,5).

Mais il faut dire que cette assertion est la plus connue de toute l'œuvre de saint Jean de la Croix. Rappelons son origine.

Un jour, Jean de la Croix, prieur de Ségovie, vit une image du Christ mise à l'écart. Il la plaça dans l'église. Une fois qu'il faisait oraison devant elle, il entendit ces paroles : « Frère Jean, demande-moi ce que tu désires ; je te l'accorderai pour cet hommage que tu m'as rendu. » Et le saint répondit : « Seigneur ce que je désire que vous me donniez, ce sont des épreuves à endurer pour vous et que

---

1. « Présence de saint Jean de la Croix dans la vie et les écrits de sainte Thérèse de l'Enfant-Jésus », *Carmel*, 1990/3, p. 4. L'autographe a disparu dans l'incendie du monastère des Bénédictines de Notre-Dame du Pré (juin 1944), mais le carmel en avait un double photographique.

je sois déprécié et qu'on fasse peu de cas de moi[1]. »
Il n'est sans doute pas de parole sanjuaniste plus connue
que celle-ci. Non sans humour, une carmélite âgée me
disait un jour : « Voilà des décennies que tous les ans, pour
la fête de saint Jean de la Croix, j'entends prêcher sur :
" Souffrir et être méprisé ". Bien de nos prédicateurs non
carmes n'en savent pas plus sur Notre Père ! »
Il en était peut-être de même au temps de sœur Thérèse
de l'Enfant-Jésus. Combien d'images de Jean de la Croix
n'a-t-elle pas vues portant la fameuse phrase[2] ! Ainsi, l'édition des Carmélites de Paris, introduite par le P. Chocarne
(1877) avec une image du saint en page de garde, porte en
sous-titre : « Seigneur, souffrir et être méprisé pour vous! »
Thérèse elle-même, en 1891, a enluminé quelques-unes de
ces images vendues à la porterie du carmel.
Le P. Renault a analysé comment et pourquoi cette
phrase austère du saint espagnol a marqué la jeune Thérèse[3]. Tout ce qu'elle a vécu, depuis l'âge de quatre ans et
demi où elle a perdu sa mère jusqu'à sa conversion de la
nuit de Noël 1886, lui a fait parcourir un chemin de souffrances diverses : pertes de ses mères successives entrées
au Carmel (Pauline, puis Marie), grave maladie à dix ans
(guérie par le sourire de la Vierge, 13 mai 1883), crise de
scrupules durant dix-sept mois... De grandes grâces ont
aussi ponctué cet itinéraire : la première communion,

---

1. P. Crisogono de Jesús Sacramentado, *Vida de san Juan de la Cruz*,
Madrid, 1982, 2ᵉ éd., p. 354, avec une quinzaine de témoignages sur ce fait.
Cf. P. M. de Goedt, *Documents Épiscopat*, décembre 1990, p. 7 : « Les paroles
du Christ, à Ségovie, à saint Jean de la Croix ont été l'un des thèmes icono-
graphiques préférés des peintres et des graveurs. » On en a des exemples
dans le livre collectif *Dieu parle dans la nuit*, éd. Teresiane Arenzano, 1991,
pp. 338-339.
2. Cf. *Thérèse et Lisieux*, pp. 170-173, quelques exemples illustrés. Le carmel travaillait pour la Maison Dédouit à Caen.
3. *Art. cit.*, pp. 8 à 11.

fusion d'amour avec Jésus, à onze ans (8 mai 1884) ; la confirmation reçue comme « le sacrement de l'Amour » (14 juin 1884) ; des grâces d'oraison et surtout le « petit miracle » de sa guérison à Noël 1886. Délivrée, prête aux combats pour entrer au Carmel, elle va recevoir une grande grâce qui lui suggère sa vocation, un dimanche de juillet 1887, en la cathédrale Saint-Pierre, contemplant une image du Christ en croix, elle résolut « de (se) tenir en esprit au pied de la Croix » pour recueillir le sang qui coule de ses plaies et le donner aux âmes (Ms A, 45v°). Elle a quatorze ans et demi : telle est la vocation définitive de cette adolescente qui avait déjà tant d'expérience intérieure qu'elle écrivait : « ce que j'ai souffert, je ne pourrai le dire qu'au Ciel ! » (Ms A, 31r°.)

Comment dès lors s'étonner que la phrase de Jean de la Croix l'ait frappée au point qu'elle puisse se l'attribuer : « Souffrir et être méprisée ! » sur les traces de son Bien-Aimé Jésus.

Thérèse au Carmel

Entrée au Carmel le 9 avril 1888, Thérèse Martin reconnaîtra plus tard que ses « premiers pas ont rencontré plus d'épines que de roses !... Oui la souffrance m'a tendu les bras et je m'y suis jetée avec amour... » (Ms A, 69v°.) Au chauffoir, elle voit une statue du saint espagnol embrassant une grande croix [1].

Pour la première fête du Réformateur au carmel, le 24 novembre 1888, elle tire un billet qu'elle recopie et

---

1. Photo dans *Thérèse et Lisieux*, p. 171 et notre couverture.

qu'elle place dans son *Manuel du chrétien*, un de ses livres de chevet : « Ma fille, je vous laisse ma pureté d'intention !... Vous m'imiterez en vous privant pour Dieu de toute consolation et en inclinant votre cœur à choisir toujours de préférence tout ce qui doit le moins flatter votre goût soit de la part de Dieu, soit de la part des créatures !... Voilà ce qui s'appelle vraiment aimer Dieu [1] ! »

Mais la grande épreuve de la postulante, puis de la novice, est encore à venir. Elle va être atteinte au cœur même de son amour filial. L'humiliation de Louis Martin, malade, puis bientôt interné au Bon Sauveur de Caen (12 février 1889), va rejaillir sur toute sa famille et d'abord sur sa « petite Reine ». Le « souffrir et être méprisé » devient le lot du père et de sa dernière fille. Elle avait voulu la souffrance et le mépris, elle était exaucée ! « Je me rappelle qu'au mois de Juin 1888 au moment de nos premières épreuves, je disais : " Je souffre beaucoup, mais je sens que je puis encore supporter de plus grandes épreuves. " Je ne pensais pas alors à celles qui m'étaient réservées... Je ne savais pas que le 12 février, un mois après ma prise d'habit, notre Père chéri boirait à la *plus amère*, à la plus *humiliante* de toutes les coupes. Ah ! ce jour-là je n'ai pas dit pouvoir souffrir encore davantage !!!! » (Ms A, 73rᵒ.)

Elle venait juste de compléter son nom de religieuse. Depuis le 10 janvier, sœur Thérèse de l'Enfant-Jésus s'appelait aussi « de la Sainte-Face », en référence au Serviteur souffrant d'Isaïe 53. La « passion » (Ms A, 73rᵒ) de son père la renvoie à celle de Jésus. Quelques jours après, elle écrit à Céline : « Oui, *chérie* de mon cœur, Jésus est là avec sa croix ! (...) Souffrir et être méprisé ! quelle amertume mais quelle gloire ! » (LT 81.)

---

1. Œ/T, p. 1231.

Le 8 septembre 1890, elle fait sa profession solennelle. Elle porte sur elle un billet adressé à Jésus : « Que je ne cherche et ne trouve jamais que toi seul, que les créatures ne soient rien pour moi et que je ne sois rien pour elles mais toi Jésus soit *tout* !... » (Pri 2.)

La dialectique sanjuaniste du *rien* et du *tout* lui est déjà bien présente.

« *Sur les flots de la confiance et de l'amour* »

Voici Thérèse à dix-sept ans, en 1890, époque de la lecture de Jean de la Croix, d'après son témoignage, déjà cité. La question se pose évidemment : qu'a-t-elle lu du carme espagnol, dans quelle édition ?

En ce qui concerne les livres, c'est relativement simple. Sœur Thérèse a pu disposer de l'édition des Carmélites de Paris[1]. Mais ayant repéré ces textes de base il faut cependant rester prudent et savoir que Thérèse a toujours tiré profit de tout ce qui lui tombait sous la main : texte d'une image, d'un calendrier, d'une lecture, d'une anthologie. Nous verrons, en son temps, l'importance capitale des carnets apportés par sa sœur Céline lorsqu'elle entrera au Carmel le 14 septembre 1894.

C'est l'occasion de dire quelques mots de la lecture spirituelle au Carmel du temps de Thérèse. Les sœurs n'avaient que deux heures personnelles par jour : l'une à midi, l'autre à 20 heures. Et bien souvent plus tard (en 1893), Thérèse devra utiliser ce « temps libre » pour

---

1. Cf. Bibliographie, p. 193.

composer poésies, pièces de théâtre, écrire son manuscrit « par obéissance ». Ce temps libre était donc très limité.

D'autre part, la manière de lire n'avait rien « d'universitaire ». La lecture de Thérèse n'était pas systématique et son respect du texte ne s'encombrait pas de scrupules. Elle prenait très peu – ou pas – de notes et si elle copiait un passage, elle n'hésitait pas à changer une ponctuation, un mot (conformément aux usages de son temps) [1]. Sa liberté était grande, et elle prenait ce qui lui était utile.

Comme rien n'est méthodique à cet égard chez elle, il est bien difficile de dire ce qu'elle a lu vraiment des œuvres de saint Jean de la Croix.

En se reportant à l'index des citations des *Œuvres complètes* de Thérèse, on compte 105 citations explicites de saint Jean de la Croix. Seulement 5 de *La Montée du mont Carmel* et 2 de *La Nuit obscure*. En revanche, 48 du *Cantique spirituel* et 16 de *La Vive Flamme d'Amour*.

Ces statistiques sont éclairantes [2]. On ne peut pas affirmer que la jeune carmélite ait vraiment lu les œuvres ascétiques du saint espagnol. En revanche, elle a été, d'instinct, aux œuvres qui mènent à l'union transformante et la décrivent. Attirée par le Cantique des Cantiques [3], elle a lu avec

---

1. « Ainsi le jésuite Marcel Bouix (1806-1889) publie une grande traduction en 1854. Malheureusement il a plus le souci de l'élégance que celui de la fidélité et sans avertir, il supprime des passage plus ou moins longs, parfois des chapitres entiers » (Bord, *Jean de la Croix en France*, p. 137).
2. Cf. le tableau en Annexes, p. 188. Bénéficiant de l'édition du Centenaire (1992), nous modifions quelque peu les statistiques de E. Renault, *art. cit.*, pp. 12-13.
3. Cf. les citations qu'elle en fait et ses commentaires, BT, pp. 101-116. Elle a confié à sœur Marie de la Trinité que si elle avait pu écrire spontanément, elle aurait commenté le Cantique des Cantiques (CRM, p. 147).

délices le *Cantique spirituel*[1] et l'a très souvent cité. Dans une proportion moindre, *La Vive Flamme d'Amour*, elle qui voudra « mourir d'amour ».

À 17 et 18 ans, elle n'a pas eu d'autre nourriture spirituelle, nous le savons : il s'agit de celle-là.

Personne ne l'a conseillée, mais admirons l'intuition — sous la motion de l'Esprit-Saint — qui l'a guidée vers les dernières œuvres sanjuanistes.

Le conseil de « commencer par la fin » a souvent été donné par les maîtres spirituels aux novices carmélitains[2]. Il faut avoir aperçu les splendides sommets du *Cantique* et de *La Vive Flamme* pour avoir le courage de se mettre en route. Seul le désir d'atteindre le but permettra d'employer des moyens austères, sans se décourager, en acceptant de buter sur les pierres de *La Montée* et en affrontant les obscurités de *La Nuit*.

Revenons à sœur Thérèse en 1890-1891. Un témoignage de Céline, beaucoup plus tardif, éclaire le cheminement de sa jeune sœur : « À cette époque et même plus tard, elle goûtait particulièrement les œuvres de saint Jean de la Croix. Quand je l'eus rejointe au monastère (14/9/1894), je fus témoin de son enthousiasme lorsque devant le graphique de notre Bienheureux Père dans *La Montée du*

---

1. Soulignons que Thérèse a lu par une heureuse fortune le *Cantique spirituel B*. Elle a évidemment ignoré les querelles du XXᵉ siècle à propos des deux versions (A et B) du Cantique. Aujourd'hui les deux sont reconnues comme authentiques. La version B, plus tardive, se révèle plus synthétique et en ce sens il est heureux que ce soit ce texte qui ait été lu par Thérèse dans l'édition des Carmélites de Paris.

2. Ainsi faisait le P. Marie-Eugène de l'Enfant-Jésus, o.c.d., (1894-1967) pour les membres de l'Institut séculier Notre-Dame de Vie : « Quand vous avez à lire Notre Père Saint Jean de la Croix, il n'y a pas à hésiter, il faut commencer par *La Vive Flamme d'Amour* » (5 novembre 1966). Cf. *Jean de la Croix, présence de lumière*, éd. du Carmel, 1991, p. 164. Même conseil du P. Victor Sion, o.c.d. (+1990), vingt-quatre ans maître des novices de la Province de Paris.

Carmel, elle s'arrêtait et me faisait remarquer cette ligne où il avait écrit : " Ici, il n'y a plus de chemin, parce qu'il n'y a pas de loi pour le juste. " Alors dans son émotion, le souffle lui manquait pour traduire son bonheur. Cette parole l'aida beaucoup à *prendre son indépendance dans ses explorations du pur amour* que plusieurs taxaient de présomption. Elle excita sa hardiesse à trouver, pour l'atteindre, une *voie* toute nouvelle, celle de l'enfance spirituelle, qui n'en est plus une, tant elle est droite et courte, aboutissant d'*un seul jet* au cœur même de Dieu. Je crois que toutes ses oraisons visaient uniquement cette recherche de " la science d'amour "[1]. »

Il est vrai qu'à 17-18 ans sœur Thérèse est à la recherche de sa route. Elle n'a pas trouvé dans la spiritualité ambiante de son carmel un chemin d'épanouissement intérieur. Elle demeure assez seule, encore scrupuleuse parfois. Une certaine atmosphère rigoriste l'oppresse. Son père spirituel, le P. Pichon, jésuite, est parti au Canada. Elle lui écrit tous les mois. Accablé de courrier, il lui répond... quand il peut. L'abbé Youf, aumônier et confesseur ordinaire, est bon, mais scrupuleux et timoré. Les rapports de Thérèse avec M. Delatroëtte, supérieur du carmel, ne sont pas dégelés depuis son opposition résolue à l'entrée de la trop jeune fille au Carmel.

La novice a bien rencontré « une sainte » dans sa communauté, une sainte qui s'est « sanctifiée dans la vie ordinaire ». « Ah ! cette *sainteté*-là me paraît la plus *vraie*, la plus *sainte* et c'est celle que je désire car il ne s'y rencontre aucune illusion... » (Ms A, 78r°.)

Dans les souvenirs de Mère Geneviève écrits par Thérèse, on voit la jeune Claire Bertrand faire une neuvaine à saint Jean de la Croix et en recevoir des grâces sensibles[2].

---

1. CSG, p. 78.
2. Œ/T, p. 1219.

Cependant Mère Geneviève s'était offerte à la justice de Dieu le Vendredi Saint 1890. Elle vivait à l'infirmerie depuis des années, supportant de grandes souffrances. Le dimanche, la jeune Thérèse allait la voir et accueillait ses bouquets spirituels avec joie (Ms A, 78r°).

Pourtant, leurs routes vont se séparer. « Mère Geneviève elle-même, à qui la sainte, encore postulante, avait exposé son projet de perfection et l'intensité de son besoin d'aimer, s'était quelque peu effrayée de cette hardiesse, insolite à vrai dire, chez une commençante. Ce fut au point qu'elle crut bon d'alerter discrètement sœur Agnès de Jésus, l'invitant à prémunir sa jeune sœur contre les illusions et à tempérer une confiance qu'elle estimait exagérée [1]. »

Mère Geneviève meurt, après avoir beaucoup souffert, le 5 décembre 1891, quelques jours après les fêtes du IIIe centenaire de la mort de saint Jean de la Croix.

Ces célébrations se situent peu après la retraite communautaire du 8 au 15 octobre qui devait être prêchée par un père franciscain. Empêché, il délègue un recollet, le P. Alexis Prou. Thérèse, toujours craintive lors des retraites [2], a fait une neuvaine préparatoire. Contre toute attente, la direction du P. Alexis Prou la libère totalement. Une seule rencontre a suffi.

« L'année qui suivit ma profession, c'est-à-dire deux mois avant la mort de Mère Geneviève, je reçus de grandes grâces pendant la retraite. Ordinairement les retraites prê-

---

1 P. S.-J. Piat, *À la découverte de la voie d'enfance*, Éd. Franciscaines, 1964, p. 113.

2. « Elle souffrait beaucoup lorsque dans les instructions on parlait de la facilité avec laquelle on peut tomber dans un péché mortel, même par une simple pensée. Il lui semblait si difficile à elle d'offenser le bon Dieu quand on l'aime ! Pendant tout le cours de ces exercices, je la voyais pâle et défaite, elle ne pouvait plus ni manger ni dormir, et serait tombée malade si cela avait duré » (Mère Agnès de Jésus, PA, p. 163).

chées me sont encore plus douloureuses que celles que je
fais toute seule, mais cette année-là il en fut autrement.
J'avais fait une neuvaine préparatoire avec beaucoup de
ferveur, malgré le sentiment intime que j'avais, car il me
semblait que le prédicateur ne pourrait me comprendre,
étant surtout destiné à faire du bien aux grands pécheurs
mais pas aux âmes religieuses. Le Bon Dieu voulant me
montrer que c'était Lui seul le directeur de mon âme se ser-
vit justement de ce Père qui ne fut apprécié que de moi... »
(Ms A, 80r°/v°.)

Alors qu'elle était freinée de tous côtés[1], voilà qu'un
prêtre la lance « sur les flots de la confiance et de
l'amour ». Nous sommes en octobre 1891. Les dates coïn-
cident bien avec la lecture de saint Jean de la Croix. Cet
encouragement du franciscain fut providentiel. « À cette
époque décisive, elle trouva dans les traités du Saint la
lumière, l'élan, l'audacieuse confiance qui lui permirent de
se lancer sur les flots de l'amour[2]. »

Cette route est celle de saint Jean de la Croix. D'ailleurs
Thérèse le cite : « Je n'avais ni guide, ni lumière, excepté
celle qui brillait dans mon cœur, cette lumière me guidait
plus sûrement que celle du midi au lieu où m'attendait
Celui qui me connaît parfaitement[3]. »

Or que dira Thérèse plus tard à sa novice, sœur Marie de
la Trinité ? « C'est le saint de l'Amour par excellence[4]. »
Cette sœur témoignera : « Elle avait une affection filiale
en vers Notre Mère Sainte Thérèse et Notre Père Saint Jean

---

1. Par exemple par le P. Blino, s.j., prédicateur de passage, réfrénant ses
désirs de sainteté (CG I, pp. 533-534, note h. Cf. LT 107).

2. P. Marie-Eugène de l'Enfant-Jésus, *Triduum saint Jean de la Croix*,
1927, p. 52.

3. Ms A, 49r°, citant *La Nuit obscure*, str. 3 et 4 (Carnet de Céline, VT 78,
p. 152).

4. VT 77, p. 50.

de la Croix. Les Œuvres de ce dernier surtout l'enflammaient d'amour [1]. »

Le P. Marie-Eugène a écrit que Thérèse avait besoin de l'enseignement du saint espagnol, de la lumière de son expérience pour être rassurée sur la sienne, de la lumière de ses principes pour éclairer sa marche dans les régions nouvelles [2]. Prenant appui sur lui, elle s'est avancée seule, poussée par l'Esprit-Saint, sur la route qui aboutira, fin 1894-début 1895, à la découverte de la voie d'enfance [3].

Un trésor caché (1892-1893)

Les statistiques doivent être relevées et commentées avec prudence. Il est vrai que nous ne trouvons guère de citations sanjuanistes dans les années 1892-1893 : au total, 6 en 21 lettres de Thérèse. Mais il faut lire ces lettres qui sont importantes. La méditation de Jean de la Croix ne cesse pas. Elle est alimentée par la correspondance avec Céline.

En l'été 1892, la sœur de Thérèse se trouve au château de la Musse (près d'Évreux), chez les Guérin, où elle découvre les splendeurs de la nature. Sa sœur lui écrit : « Moi je ne vois pas tout cela, mais je dis avec St Jean de la Croix : " J'ai en mon bien aimé les montagnes, les vallées solitaires et boisées, etc. " [4]. »

---

1. PO, p. 462.
2. *Ton amour a grandi avec moi. Un génie spirituel, Thérèse de Lisieux*, éd. du Carmel, 1987, p. 113.
3. Cf. C. De Meester, *Dynamique de la confiance. Genèse et structure de la voie d'« enfance spirituelle » chez sainte Thérèse de Lisieux*, Cerf, 1969. Nouvelle édition remise à jour, 1995.
4. LT 135, du 15/8/1892, citant CS, str. 14.

Dans sa réponse, Céline se réfère à son tour à la *Glose sur le Divin* et au *Cantique spirituel*[1]. En octobre, Thérèse cite la *Prière de l'âme embrasée d'amour* : « Alors nous pouvions dire avec St Jean de la Croix : " Tout est à moi, tout est pour moi, la terre est à moi, les cieux à moi, Dieu est à moi et la Mère de mon Dieu est à moi "[2]. »

Lorsqu'en avril 1893 elle célèbre le vingt-quatrième anniversaire de Céline, elle médite sur « la goutte de rosée », si petite, apparemment si inutile. Saint Jean de la Croix en a parlé aussi : « Dieu, par la puissance irrésistible de son immense amour, absorbe l'âme en lui-même avec plus de force et d'efficacité qu'un torrent de feu ne saisit une goutte de rosée du matin pour la transformer en une vapeur imperceptible qui s'évanouit dans l'atmosphère[3]. »

Ce thème reviendra le 6 juillet, avec une autre citation du carme espagnol : « Jésus lui apprend " À tirer profit de tout, *du bien* et *du mal* qu'elle trouve en soi "[4]. »

La réponse de Céline, de nouveau à la Musse, l'année suivante, évoque le temps où « ... " si transportée, si forte, si courageuse, je lisais Saint Jean de la Croix et, l'âme dilatée par la joie, je volais si haut ! Le temps est passé de " tresser des guirlandes avec des fleurs et des émeraudes choisies pendant les fraîches matinées "... » Et Céline va continuer de gloser sur cette strophe XXX du *Cantique spirituel*, puis évoquer le bouquet noué « avec un seul de ses cheveux »...

Elle avait commencé sa lettre ainsi : « En moi, c'est tou-

---

1. LC 149, du 17/8/1892, citant CS, str. 14
2. LT 137, du 19/10/1892.
3. CS, annotation sur la strophe 31, t. II, p. 17, dans l'édition de Thérèse. Cf. Œ/J p. 1386. La lettre de Thérèse est LT 141.
4. LT 142 citant *Glose sur le Divin*. Thérèse reprendra ce texte en Ms A, 83r° et dans sa poésie PN 30.

jours le rien, toujours la nuit obscure[1]. » On saisit sur le vif, par cette correspondance, combien les deux sœurs nourrissent avec aisance leurs échanges des paroles sanjuanistes. Bien souvent, elles se comprennent à demi mot.

Au cours de l'été 1893, où elle écrit à Céline des lettres fort importantes, Thérèse revient sur Jean de la Croix le 2 août : « Jésus est un trésor caché... » dit-elle. Or, « pour trouver une chose cachée il faut se cacher soi-même... » Elle a lu ces lignes dans l'explication du premier vers de la strophe 1 du *Cantique spirituel*[2].

En octobre, pour la fête de Céline, on peut trouver une réminiscence possible dans la lettre de sa sœur : « Tout nous porte vers Lui, les fleurs qui croissent au bord du chemin ne captivent pas nos cœurs[3]... », évoquant le « Je ne cueillerai pas de fleurs » du *Cantique spirituel*[4].

À Léonie, qui a pris l'habit chez les Visitandines de Caen le 6 avril 1894, Thérèse écrit aussi : « Jésus te dit comme à l'épouse des Cantiques : " Vous avez blessé mon cœur, ma sœur, mon épouse, par un de vos yeux et par un seul des cheveux qui volent sur votre cou ". » Ce passage du Cantique des Cantiques (4,9) est repris et commenté par Jean de la Croix[5].

Ainsi, en ces années, la trace du poète castillan demeure, même si nous ne pouvons nous référer qu'à quelques documents. Mais ils sont de grande importance, comme l'a montré le P. De Meester.

---

1. LC 154, du 12/7/1893.
2. LT 145, du 2/8/1893.
3. LT 149, du 20(?)/10/1893.
4. CSB, 3, 3, t. I, p. 138. Cf. Œ/J, p. 1234.
5. CS, str. 31, t. II, p. 17. LT 164, du 22/5/1894.

Les carnets de Céline (1894-1895)

Mais voici que la correspondance avec Céline va cesser. Louis Martin s'est éteint à la Musse le 29 juillet 1894. Céline ne le quittait pas. La voici enfin libre de réaliser son appel au Carmel. Le 14 septembre, elle arrive au monastère. Dans ses bagages, outre son volumineux appareil photographique, elle apporte des carnets de notes qu'elle a prises au cours de ses lectures. Chez les Guérin, elle a pu copier des passages de la Bible : elle en a même eu deux à sa disposition ! Voilà bien de quoi rendre « jalouse » sa jeune sœur qui n'a pas droit à l'Ancien Testament au noviciat. Très rapidement, Thérèse va s'emparer de ces carnets et, grâce à la magistrale étude du P. Conrad De Meester, nous savons qu'elle y trouvera les deux textes qui seront décisifs pour la découverte de sa voie [1].

Mais, en 1893 « selon toute probabilité », Céline a aussi copié des textes de saint Jean de la Croix et ce fait nous importe au plus haut point. Car Thérèse va disposer de ces carnets et s'y alimenter avec persévérance. Quels textes y trouve-t-on [2] ?

Céline a retranscrit pour Thérèse six poèmes de Jean de la Croix, selon la traduction des carmélites de Paris (1877) :

— *Cantique sur une extase arrivée dans une haute contemplation (Entréme donde no supe)*

— *Dans un élan brûlant d'amour (Tras de un amoroso lance)*

---

1. *Dynamique de la confiance,* nlle édition 1995, pp. 107 ss.
2. On se reportera à VT 78, avril 1980, pp. 145-160, qui reproduit tous ces textes. Page 147, voir une introduction historique de sœur Cécile, o.c.d.

— *Glose sur le Divin (Sin arrimo y con arrimo)*
— *Cantique de l'Âme* (tiré de *La Nuit obscure*)
— *Cantique entre l'Âme et son Époux* (tiré du *Cantique spirituel*)
— *La Vive Flamme d'Amour.*

Il faut y ajouter quelques brefs extraits de *Lettres*, de *Maximes* de saint Jean de la Croix.

Il est évident que Thérèse a abondamment puisé dans les trésors de ce carnet.

On ne peut en sous-estimer l'importance, car Thérèse en disposera lorsqu'elle se mettra à rédiger par obéissance, à Mère Agnès de Jésus, son premier manuscrit, en janvier 1895. De nombreuses références à Jean de la Croix proviendront de ce carnet [1].

En 1895, Thérèse reçoit un exemplaire des *Maximes et Avis spirituels de notre bienheureux Père saint Jean de la Croix*, publié par les carmélites de Paris (H. Oudin, 1895), tiré à part des *Œuvres complètes*. Elle le gardera précieusement à son usage jusqu'à la fin de sa vie [2]. En juillet 1896, elle sera photographiée tenant ce livre en main [3].

Il comporte 108 pages ; 365 maximes y sont imprimées et classées en 22 rubriques. À la fin se trouve la *Prière de l'âme embrasée de l'amour divin* qui marqua profondément Thérèse (pp.103-106).

Conjuguant ces deux apports importants, sœur Cécile, o.c.d., a pu écrire que « cette anthologie de poche (le carnet de Céline) et le livre des *Maximes* ont offert à sœur Thérèse ceux des textes sanjuanistes qui l'ont le plus marquée [4] ». Voilà qui relativise, comme nous l'avions souligné, une lecture intégrale et suivie des œuvres du carme

---

1. Le manuscrit A (86 folios) cite 19 fois Jean de la Croix.
2. Cf. DE, pp. 844 et 519. L'original se trouve au carmel de Saint-Flour.
3. VTL, n° 36. C'est la photo de notre couverture.
4. VT 78, avril 1980, p. 147.

espagnol. Thérèse ne s'est sans doute jamais embarrassée de lourds volumes, mais elle a préféré le maniement facile des carnets de sa sœur Céline.

Le témoignage capital
de sœur Marie de la Trinité

Le 16 juin 1894, est entrée, au carmel de Lisieux, Marie Castel, vingt ans, qui deviendra sœur Marie de la Trinité, novice de sœur Thérèse (la seule plus jeune qu'elle au carmel). L'amitié fut profonde entre ces deux carmélites et Thérèse fit tout ce qui était en son pouvoir pour mener sœur Marie de la Trinité jusqu'à la profession le 30 avril 1896. Non sans mal, car l'arrivée de cette jeune « Parisienne », venant d'un carmel de la rue de Messine à Paris, ne faisait pas l'unanimité de la communauté lexovienne [1].

Ce qui nous importe ici, c'est que cette novice fut un témoin privilégié de l'influence de saint Jean de la Croix sur sa maîtresse de noviciat. À cet égard, la publication de ses carnets dans *Vie thérésienne* constitue une source de grande valeur qui n'a guère été exploitée jusqu'ici [2] du point de vue qui nous importe.

1. On pourra lire P. Descouvemont, *Une novice de sainte Thérèse. Souvenirs et témoignages de sœur Marie de la Trinité*, Cerf, 1985, 192 pages. Elle était née en Normandie, mais avait vécu à Paris (1891-1893) et y était entrée au Carmel.

2. On trouvera les textes des carnets de sœur Marie de la Trinité en VT :
— le *Carnet rouge* (CRM) : VT 74 (avril 1979), pp. 138-157 ;
— *Conseils et Souvenirs* (1 à 30) : VT 73 (janvier 1980), pp. 51-68 ;
— de nouveaux *Conseils et Souvenirs* (31 à 57) : VT 77 (janvier 1980), pp. 47-67.

En VT 77, p. 49, on trouve toutes les références à saint Jean de la Croix dans les textes de sœur Marie de la Trinité ou s'y rapportant.

Écoutons son important témoignage :

« Dans nos conversations c'était son sujet favori, nous y revenions sans cesse. Elle me citait de mémoire, avec une onction indéfinissable, de très longs passages du saint Docteur, surtout les paroles qui l'avaient réconfortée, au temps de très grandes épreuves, entre autres celui-ci : " Ô âmes qui voulez marcher dans la joie et la sécurité, si vous saviez combien il vous est bon d'être affligées pour parvenir à cet état, vous ne chercheriez nulle part de consolation, vous ne voudriez pas autre chose que la croix avec son fiel et son vinaigre, vous vous estimeriez souverainement heureuses de l'avoir en partage... En souffrant avec patience les épreuves extérieures, vous mériteriez que le Seigneur arrête sur vous ses regards divins, afin de vous purifier par des peines plus intimes encore " [1].

« " Ainsi, ajoutait notre Sainte avec une ardeur céleste, bien accueillir la souffrance nous mérite la grâce d'une plus grande souffrance, ou plutôt d'une purification plus profonde pour arriver à la parfaite union d'amour. Ah ! quand j'eus compris cela, la force me fut donné pour tout souffrir. " Elle a donc trouvé dans l'œuvre de saint Jean de la Croix la force de souffrir et de passer par les purifications. Ainsi s'explique mieux le " souffrir et être méprisée pour vous " (Cf. Ms A, 69v°).

« Un jour, elle me dit : " Le seul moyen de faire de rapides progrès dans la voie de l'amour, c'est de rester toute petite. Aussi maintenant je chante avec Notre Père saint Jean de la Croix : En m'abaissant si bas, si bas / Je

---

1. VFA, explication du verset 5 de la strophe 2, tome II, pp. 187-189 de l'édition de 1875 utilisée par Thérèse (cf. Œ/J, pp. 1123-1124). Cf. *Romance IV*, strophes 8, 9, 10. Cf. citation en Ms B, 3r°/3v°. Carnet de Céline, VT 78, pp. 149-150.

m'élevai si haut, si haut, / que je pus atteindre mon but ! " [1]. » C'est le principe de la petite voie.

« Pour souvenir de ma Prise de Voile (7 mai 1896) elle me donna une image de Notre Père St Jean de la Croix qui était la photographie d'une peinture de sa sœur, Notre Révérende Mère Agnès de Jésus. Au bas de l'image, elle avait écrit : " *Par amour*, souffrir et être méprisée... " [2]. » Remarquons l'ajout de Thérèse, très significatif, à la formule du saint qu'elle aimait tant citer pendant son adolescence aux Buissonnets. Tout Thérèse est là. Elle complète son maître saint Jean de la Croix, avec sa souveraine liberté. « Et au verso figurent trois pensées choisies dans les écrits de notre bienheureux Père » (cf. LT 188).

« Pour ma Profession (30 avril 1896), elle m'avait offert la *Glose sur le Divin* de Notre Père, qu'elle avait traduite en vers français, me faisant remarquer que la pensée qui lui plaisait le mieux était " que l'Amour sait tirer profit de tout : du bien et du *mal* qu'il trouve en nous " (PN 30).

« Étant chargée de l'ermitage de Notre Père St Jean de la Croix, j'avais imaginé comme décoration de représenter la Montagne du Carmel, et les sentences (copie exacte de l'image qui se trouve dans le Livre *Montée du Carmel*). Sœur Thérèse de l'Enfant-Jésus m'en exprima toute sa satisfaction. Elle me fit notamment remarquer ces deux sentences qui lui plaisaient davantage : " Il n'y a point de chemin par ici, parce qu'il n'y a point de loi pour le juste ". — " Tout m'a été donné sans le chercher, quand je ne l'ai pas voulu par amour-propre ".

« Quelques mois avant l'entrée de sa sœur Céline dans notre Carmel, elle lui avait demandé de peindre pour la

----

1. Toute la longue citation de Marie de la Trinité est en VT 77, pp. 49-50. Dernière citation de Jean de la Croix, *Poésie VI*, cf. Œ/J, p. 141.
2. Voir cette image dans P. Descouvemont-H. N. Loose, *Sainte Thérèse de Lisieux. La vie en images*, Cerf, 1996, p. 350.

Communauté un grand portrait de Notre Père St Jean de la Croix. C'est une peinture à l'huile mesurant 0 m 95 de haut sur 0 m 75 de large[1].

« Plusieurs fois, elle m'avait exprimé son désir que Notre Père St Jean de la Croix soit déclaré Docteur de l'Église, afin d'accréditer ses Écrits pour le bien d'un plus grand nombre d'âmes. Je reste persuadée que, du Ciel, elle a travaillé à cet heureux et glorieux résultat qui comble de joie tous les enfants du Carmel[2]. »

« Dans le *Cantique spirituel*, elle aimait à me citer :

> *Quand vous me regardiez*
> *Vos yeux imprimaient en moi votre grâce*
> *C'est pourquoi vous m'aimiez avec tendresse*
> *Et par là les miens méritaient*
> *D'adorer ce qu'ils voyaient en vous.*
> *Daignez ne pas me mépriser*
> *Car si autrefois vous avez trouvé mon teint noir,*
> *Maintenant vous pouvez bien me regarder,*
> *Depuis que vous-même m'avez regardée,*
> *Vous avez laissé en moi grâce et beauté.*
> *Jouissons l'un de l'autre, mon Bien-Aimé*
> *Et allons nous voir dans votre beauté*[3]*... »*

En janvier 1929, sœur Marie de la Trinité se souviendra encore de ces vers de saint Jean que « Thérèse de l'Enfant-Jésus et moi-même aimions tant à répéter[4] ».

---

1. Chaque fois qu'on entrait au chœur on passait devant une petite statue du saint (VT 77, p. 52, note d). Sur le plan du Carmel (DE, pp. 816-817), c'est le « A » près du « H ».
2. VT 77, p. 50.
3. Strophes 32, 33, et début 36 ; VT 77 p. 51.
4. *Ibid.*, p. 52, note i.

La voie d'enfance

Dans le cœur et la pensée de Thérèse, cette « petite voie bien droite, bien courte, toute nouvelle » (Ms C, 2v°), s'est cristallisée fin 1894. Elle a fait le récit de cette découverte inspirée à Mère Marie de Gonzague en juin 1897 (Ms C, 2). Illumination décisive, préparée de longue date, qui va s'épanouir en elle.

La petite voie, chez Thérèse, c'est l'éclair de l'Espérance qui a jailli du choc entre l'infini de son désir de sainteté et la conscience réaliste de sa radicale pauvreté. Le cardinal Daniélou a dit que la petite voie c'était « l'infini du désir dans la totale impuissance [1] ».

« La doctrine de l'enfance spirituelle ne découvre la charpente puissante de sa structure qu'à la lumière de l'enseignement du Docteur du Carmel [2]. »

En elle, le « rien » sanjuaniste est comblé par le « tout » de Dieu. L'ascèse de pauvreté et le dépouillement du carme espagnol le conduiront vers l'union divine, car c'est la petitesse qui « aspire » la Miséricorde : « On éprouve une si grande paix d'être absolument pauvre, de ne compter que sur le bon Dieu » (CJ 6.8.4).

Elle avait commencé sa vie religieuse sous le signe de l'effort et d'une certaine tension encore volontariste : « Je veux être une sainte » (LT 45). Mais, peu à peu, elle a découvert qu'elle ne pouvait rien faire, elle a expérimenté sa radicale incapacité. Alors elle est entrée dans la « passi-

---

1. Homélie à l'infirmerie du carmel de Lisieux (21/8/1969) publiée en AL n° 10, octobre 1969, p. 13.
2. P. Marie-Eugène de l'Enfant-Jésus, *Ton amour a grandi avec moi*, p. 115.

vité » sanjuaniste : « Les directeurs font avancer dans la perfection en faisant faire un grand nombre d'actes de vertu et ils ont raison, mais mon directeur qui est Jésus ne m'apprend pas à compter mes actes ; Il m'enseigne à faire *tout* par amour, à ne Lui rien refuser, à être contente quand il me donne une occasion de Lui prouver que je l'aime, mais cela se fait dans la paix, dans l'*abandon*, c'est Jésus qui fait tout et moi je ne fais rien[1]. »

« Au premier abord, sa petite voie de confiance et de parfait abandon semble en opposition complète avec la voie rude et austère de saint Jean de la Croix. Sa petite voie se présente comme douce et facile. Mais sœur Thérèse de l'Enfant-Jésus appuie sa doctrine de parfaite confiance et de total abandon sur le *rien* de Jean de la Croix. C'est là qu'elle a trouvé la loi du détachement complet et de ce parfait détachement découle la parfaite espérance, la parfaite confiance[2]. »

La découverte émerveillée de la voie d'enfance va la conduire à s'offrir à l'Amour Miséricordieux.

L'Acte d'Offrande
à l'Amour Miséricordieux
(9 juin 1895)

Au cours de la messe de la Trinité, le dimanche 9 juin 1895, sœur Thérèse a l'inspiration de s'offrir « en victime d'holo-

---

1. LT 142, du 6/7/1893.
2. P. Marie-Eugène de l'Enfant-Jésus, *Retraite* au Carmel de Périgueux (9-18/1/1932) ; « Conférence sur l'Espérance », p. 401. André Bord dit très bien : « Cette petite voie bien droite, bien courte, c'est le sentier sanjuaniste du *rien* qui sans s'égarer à droite ni à gauche va directement au *tout* » (*Jean de la Croix en France*, p. 217).

causte à l'Amour Miséricordieux » (Ms A, 84r°). Véritable révolution spirituelle qui tranche sur la spiritualité de son époque où des âmes « grandes et généreuses » s'offraient en victimes à la justice de Dieu.

Ce n'est pas le lieu de détailler ici l'importance capitale de cette offrande — sommet de la vie spirituelle de sœur Thérèse et aboutissement de sa découverte de la voie d'enfance spirituelle — mais soulignons au moins rapidement combien est présente l'influence de saint Jean de la Croix dans cet Acte[1].

On peut en faire une lecture sanjuaniste : Thérèse se souvient du *Cantique spirituel* et de *La Vive Flamme* « par imprégnation plus que par érudition[2] ».

Dans son offrande à la « Bienheureuse Trinité », elle offre les mérites des saints, des anges, de la Vierge Marie. On pense évidemment à la *Prière de l'âme embrasée* de Jean de la Croix.

La fameuse phrase « Plus vous voulez donner, plus vous faites désirer », tirée d'une lettre du carme espagnol à Mère Éléonore de Saint Gabriel (8/7/1589), proche de la *Maxime* 45, est un des axes fondamentaux de la pensée de Thérèse. Elle fonde sa confiance et, nous le savons, elle la citera souvent[3]. C'est un pilier de l'apport de Jean de la Croix à Thérèse.

Le « Divin Regard qui purifie » rappelle le *Cantique spirituel* : « Quand il s'agit de Dieu, regarder c'est aimer » (explication de la strophe 32). Ou encore : « Le regard de Dieu purifie l'âme d'abord, ensuite il la rend agréable à ses yeux » (strophe 33), etc.

---

1. Sur les circonstances et les conséquences de cet Acte, cf. notre article « Centenaire de l'Acte d'offrande, 9 juin 1895 », dans le numéro spécial VT 139, 1995.

2. On pourra se reporter aux notes de la Nouvelle Édition du Centenaire, *Récréations pieuses — Prières 1992*, pp. 563-576. Ici, citation de la p. 563.

3. LT 201 ; Ms C, 31r° ; LT 253 ; CJ 13.7.15 ; CJ 16.7.2 ; CJ 18.7.1 ; etc.

« Ce feu consumant toutes les imperfections, comme le feu qui transforme toute chose en lui-même... » rappelle à l'évidence la strophe 26 du *Cantique spirituel* : « Là, toutes ces imperfections de l'âme se consument avec une facilité merveilleuse, comme la rouille des métaux dans le feu de la fournaise. »

« Au soir de cette vie... » rappelle la *Maxime* 70.

« Me fasse enfin mourir » renvoie à la mort d'amour à laquelle nous consacrerons notre dernier chapitre.

« L'éternel embrassement » évoque la mystique nuptiale, le mariage spirituel de l'âme avec Dieu.

Ainsi, dans cet Acte fondamental de la vie de Thérèse, l'influence de son Père est très repérable et fécondante.

« Ma vocation, enfin je l'ai trouvée... »
(8 septembre 1896)

En cette année 1896, on note la persistance de la présence de la pensée de Jean de la Croix chez Thérèse, surtout durant l'été [1], non sans lien avec sœur Marie de la Trinité.

Thérèse éprouve de grands désirs qui la font souffrir à l'oraison. Ces souffrances et la lecture de deux chapitres de la seconde épître de saint Paul aux Corinthiens vont aboutir à la découverte de sa vocation, exprimée dans le fameux texte du 8 septembre :

« Ô Jésus mon Amour... ma vocation enfin je l'ai trouvée, ma vocation, c'est l'Amour !...

---

1. *Récréations pieuses. — Prières*, NEC, p. 603.

« Oui j'ai trouvé ma place, dans l'Église et cette place, ô mon Dieu, c'est vous qui me l'avez donnée... dans le Cœur de l'Église, ma Mère, je serai l'Amour... » (Ms B, 3v°.)

Sœur Thérèse atteint ici un nouveau sommet de sa vie spirituelle, conséquence de son offrande à l'Amour Miséricordieux du 9 juin 1895. Or, dans le manuscrit B qui couvre cinq folios, on trouve dix citations de saint Jean de la Croix.

Sœur Marie de la Trinité fait profession le 30 avril. À sa « poupée » qu'elle a conduite jusque-là, Thérèse offre une poésie, *Glose sur le Divin* (PN 30), directement inspirée d'un poème de Jean de la Croix [1]. Texte calligraphié sur une image composée avec grand soin par sœur Thérèse. Voici l'intégralité de ce texte, décalqué de celui de Jean de la Croix, lu dans le carnet de Céline [2] :

Glose sur le Divin

Composée par N. P. St Jean de la Croix et mise en vers par la plus petite de ses filles pour fêter la Profession de sa chère Sœur Marie de la Trinité et de la Sainte Face.

> *Appuyée sans aucun Appui*
> *Sans Lumière et dans les Ténèbres*
> *Je vais me consumant d'Amour.....*

1 Au monde (quel bonheur extrême)
   J'ai dit un éternel adieu !......

---

1. Notons que le titre *Glose sur le Divin* n'a pas de sens puisque de nombreux poèmes du poète espagnol sont « a lo divino ». C'est la transposition au niveau surnaturel de l'Amour divin d'un chant d'amour profane. On peut voir cette image, recto-verso, dans *Thérèse et Lisieux*, p. 172.
2. VT 78, p. 150.

.... Élevée plus haut que moi-même
Je n'ai d'autre Appui que mon Dieu.
Et maintenant je le proclame
Ce que j'estime près de Lui
C'est de voir et sentir mon âme
Appuyée sans aucun appui !.....

2 Bien que je souffre sans Lumière
En cette vie qui n'est qu'un jour
Je possède au moins sur la terre
La vie Céleste de l'Amour....
Dans le chemin qu'il me faut suivre
Se rencontre plus d'un péril,
Mais par Amour je veux bien vivre
Dans les Ténèbres de l'exil.

3 L'Amour, j'en ai l'expérience
Du bien, du mal qu'il trouve en moi
Sait profiter (quelle puissance)
Il transforme mon âme en soi.
Ce Feu qui brûle dans mon âme
Pénètre mon cœur sans retour
Ainsi dans sa charmante flamme
Je vais me consumant d'Amour !...

30 Avril 1896. Thérèse de l'Enf. Jésus, de la Ste Face
rel. carm. ind.

Quelques jours plus tard (7 mai), sœur Marie de la Trinité prend le voile, au cours d'une cérémonie publique. Nouvelle image offerte par Thérèse à la professe : une photographie d'un portrait du saint peint par Mère Agnès de Jésus. Au recto, sous l'image, écrit de la main de Thérèse, nous le savons : « Par Amour, souffrir et être méprisée ! »

Ainsi, pour cette jeune sœur qui a eu quelques difficultés avec la communauté, Thérèse retrouve cette phrase de sa jeunesse.

Au verso, trois « pensées de N. P. St Jean de la Croix ».

Thérèse les a puisées dans son livre des *Maximes* et c'est ainsi que nous pouvons les numéroter :

— *129* « Quand l'amour que l'on porte à la créature est une affection toute spirituelle et fondée sur Dieu seul, à mesure qu'elle croît, l'amour de Dieu croît aussi dans notre âme ; plus alors le cœur se souvient du prochain, plus il se souvient aussi de Dieu et le désire, ces deux amours croissant à l'envi l'un de l'autre. »

— *103* « Celui qui aime vraiment Dieu regarde comme un gain et une récompense de perdre toute chose et de se perdre encore lui-même pour Dieu… »

— *70* « Au soir de cette vie, on vous examinera sur l'amour. Apprenez donc à aimer Dieu comme il veut être aimé et laissez-vous vous-même [1]. »

Le 6 août, sœur Thérèse compose une importante *Consécration à la Sainte Face* (Pri 12). Elle met tous ses soins à la calligraphier, à alterner les encres noire et rouge. Elle a proposé cette consécration à deux de ses novices qui portent, comme elle, le nom « de la Sainte-Face » : sœur Geneviève de Sainte Thérèse (sa sœur Céline), qui fut appelée Marie de la Sainte-Face à son entrée au Carmel, et sœur Marie de la Trinité de la Sainte-Face. L'image sera ornée des photographies des trois carmélites et chacune signera de son nom [2].

Le texte est précédé de deux citations de saint Jean de la Croix :

« Le plus petit mouvement de pur *Amour* est plus utile à

---

1. LT 188 (7/5/1896). Voir l'image en *Thérèse et Lisieux*, p. 173.
2. Voir *Sainte Thérèse de Lisieux. La vie en images*, pp. 416-417.

l'Église que toutes les autres œuvres réunies... Il est donc de la plus haute importance que nos âmes s'exercent beaucoup à l'*Amour*, afin que se consommant rapidement elles ne s'arrêtent guère ici-bas et arrivent promptement à voir Jésus, Face à Face... »

La première est tirée du *Cantique spirituel B*, annotation sur la strophe 24. Thérèse n'a pas repris le dernier mot de son original : « ensemble ». Pour la première fois, elle cite ce passage qu'elle reprendra en Ms B, 4v°, LT 221 et 245. On peut y voir la traduction sanjuaniste de la découverte de l'été 1896 : « ma vocation c'est l'Amour ».

La seconde citation provient de *La Vive Flamme d'Amour*, strophe 1, explication du verset 6[1]. Thérèse a modifié la traduction où elle peut lire : « Il est donc grandement important de s'exercer beaucoup à l'amour, afin que l'âme, se consommant rapidement en lui, ne s'arrête guère ici-bas et arrive promptement à voir son Dieu face à face » (vers VI, p. 158).

Citons le commentaire de la Nouvelle Édition du Centenaire[2] :

« Le rapprochement que fait Thérèse des deux citations (de Jean de la Croix) est saisissant, comme si le zèle apostolique des lignes 8-9, ce " pur Amour " si " utile à l'Église ", ne trouvait son plein accomplissement que dans le " Face à Face " du ciel. Le plus grand service de l'Église exigerait donc moins la durée " ici-bas " que l'intensité, " beaucoup ", qui doit mener " promptement " à la fécondité posthume sans limite. C'est déjà l'amorce du grand désir de l'hiver 1896-1897. (...) C'est le message personnel qu'elle voudra laisser à ses trois sœurs carmélites en LT 245.

1. Cf. LT 245, de juin (?) 1897.
2. RP. Pri, p. 595.

« Nous avons ici un nouvel exemple de la manière dont Thérèse annexe et réinterprète son maître, saint Jean de la Croix. »

Belle liberté de celle qui, sans s'en douter, prophétise sa fécondité apostolique posthume après une vie « promptement » brûlée qui l'a conduite face à la Sainte Face.

De l'exil au Royaume (1897)

Voici la dernière année de la vie de Thérèse. C'est au printemps 1897 qu'elle tombe gravement malade. La tuberculose — non identifiée d'abord — couvait depuis 1894. Maintenant Thérèse est contrainte d'abandonner la vie communautaire : elle ne va plus prier au chœur, ne va plus au réfectoire, ne doit plus s'occuper des novices. Elle est soit dans sa cellule, soit dans le jardin lorsqu'il fait beau.

À partir du 8 juillet, dans un état très grave, elle est installée dans l'infirmerie au rez-de-chaussée. Depuis avril, Mère Agnès de Jésus (sa sœur Pauline) note des paroles de sa jeune sœur. On les trouve dans les *Derniers Entretiens*.

Ce qui nous intéresse ici, c'est la présence de saint Jean de la Croix dans les conversations des deux sœurs. Un sujet plus particulier revient souvent : la « mort d'amour » décrite par le saint et espérée par Thérèse, sera-t-elle celle de la malade ? Ce sujet si important fera la matière de notre cinquième chapitre.

Autre fait lié à celui-ci : à l'infirmerie, Thérèse, crachant le sang, réduite et fort maigre, ne peut guère lire, à peine écrire. Pourtant, il est révélateur d'inventorier les quelques livres qui sont à son chevet. On y trouve le *Cantique spiri-tuel* et *La Vive Flamme d'Amour* reliés en un seul volume [1], et toujours les *Avis et Maximes.*

Bien incapable de lire longuement, elle se contente d'an-noter par de petites croix au crayon [2] les passages qui lui paraissent importants au moment où elle va mourir. Il est évidemment capital de repérer ces passages, ce que nous ferons dans le dernier chapitre.

De plus, sur un petit signet en bristol, la malade a consi-gné des pages et quelques brèves notes concernant sa lec-ture du *Cantique spirituel.* Ici encore, il sera important de déchiffrer ces indications pour mieux pénétrer les profon-deurs de l'âme de la mourante [3].

Dès maintenant, nous notons que sœur Thérèse meurt accompagnée des écrits de saint Jean de la Croix. La tra-jectoire que nous avons suivie, des Buissonnets à l'infir-merie du carmel, montre une belle continuité, même s'il y a parfois quelques fléchissements.

Et pour situer à quelle profondeur les écrits du carme espagnol l'ont marquée, nous ne citerons que deux paroles des *Derniers Entretiens* :

« Avec quel désir et quelle consolation je me suis répété dès le commencement de ma vie religieuse ces autres paroles de N. P. St Jean de la Croix : "Il est de la plus haute importance que l'âme s'exerce beaucoup à l'Amour afin que, se consommant rapidement, elle ne s'arrête guère ici-bas mais arrive promptement à voir son Dieu face à face" » (CJ 27.7.5).

Fin août, autre parole décisive pour notre approche :

---

1. Cf. DE, p. 843.
2. C'est avec ce crayon qu'elle a terminé son dernier manuscrit (Ms C), ne pouvant plus écrire à l'encre, à partir du folio 36r°. Ce crayon a été aussi uti-lisé pour écrire à l'abbé Bellière le 10 août 1897 (LT 263).
3. Cf. Annexes, p. 188.

« Ah ! c'est incroyable comme toutes mes espérances se sont réalisées. Quand je lisais St Jean de la Croix, je suppliais le bon Dieu d'opérer en moi ce qu'il dit, c'est-à-dire la même chose que si je vivais très vieille ; enfin de me consommer rapidement dans l'Amour, et je suis exaucée ! » (CJ 31.8.9.)

De telles paroles, qui montrent à quel terme est parvenue sœur Thérèse, qui a conscience d'avoir été exaucée dans sa prière demandant de vivre en vérité le chemin sanjuaniste, peuvent nous servir de conclusion provisoire. Mais elles ne sont guère dépassables.

* * *

Au terme de ce chapitre historique et chronologique, nous pouvons déjà affirmer que réduire l'influence du carme réformateur à l'adolescence de sœur Thérèse (17-18 ans) n'est pas conforme à la réalité. Sa présence a continué bien au-delà et jusqu'aux derniers jours de la sainte de Lisieux.

Dans les chapitres suivants, nous allons montrer au plan qualitatif à *quelle profondeur* ont pénétré ses écrits dans le cheminement intérieur de sœur Thérèse de l'Enfant-Jésus et de la Sainte-Face.

CHAPITRE II

LE SAINT DE L'AMOUR

> *« C'est le saint de l'Amour par excel-lence.»*
>
> (Sœur Thérèse
> à sœur Marie de la Trinité.)
>
> *« ... ces deux docteurs en science d'amour... »*
>
> (P. Marie-Eugène de l'Enfant-Jésus,
> *Triduum* de 1927.)

Le Saint de l'Amour par excellence

Dans un témoignage tardif, qui confirme tous ceux qui ont précédé, sœur Marie de la Trinité dira de sa maîtresse des novices : « Ce but de l'amour auquel tendaient tous ses vœux [1]... »

Nous l'avons dit, sur son chemin relativement solitaire, la jeune carmélite va sortir de l'atmosphère resserrée de sa communauté en s'alimentant aux textes de Jean de la Croix, qui dilatent son être, avide de la rencontre avec Jésus : « ... avec l'*amour* non seulement j'avance mais je *vole* » (Ms A, 80v°).

Voilà pourquoi nous privilégions l'Amour, au sens de l'*Agape* divine, manifestée parmi les hommes par Jésus le Christ et insufflée par Lui à ses disciples par le don de l'Esprit-Saint [2].

Nous allons énumérer une douzaine de phrases sanjua-

---

1. Lettre du 8 novembre 1942 (VT 77, p. 50).
2. « Toutes les citations que, dans ses écrits, elle emprunte à St Jean de la Croix n'ont pour but que de mettre en relief la valeur unique de l'amour pour parvenir à l'union divine » (P. Travert, *Études et Documents thérésiens*, janvier 1935, p. 1).

nistes qui ont profondément marqué Thérèse tout au long de sa vie. Il est difficile d'établir une hiérarchie ou de trouver une progression dans ces emprunts. Selon son habitude, elle les a profondément assimilés pour nourrir son propre chemin, avec une grande liberté.

* * *

I. *Il est de la plus haute importance que l'âme s'exerce beaucoup à l'amour afin qu'en se consumant rapidement, elle ne s'arrête guère ici-bas mais arrive promptement à voir son Dieu face à face* [1].

Texte capital que Thérèse cite dans une image-testament qu'elle lègue à ses sœurs en juin (?) 1897 (LT 245). Elle y revient dans les *Derniers Entretiens* pour souligner : « Avec quel désir et quelle consolation je me suis répété *dès le commencement de ma vie religieuse* (nous soulignons) ces (...) paroles de N. P. St Jean de la Croix : " Il est de la plus haute importance que l'âme s'exerce beaucoup à l'Amour afin que, se consommant rapidement, elle ne s'arrête guère ici-bas mais arrive promptement à voir son Dieu face à face " » (CJ 27.7.5). C'est dire qu'elle vit de ces paroles depuis des années.

Dans cette phrase elle exprime son élan vital, son désir du face à Face. La même affirmation se retrouve dans l'importante *Consécration à la Sainte Face* du 6 août 1896 (jour de la Transfiguration) qu'elle fera avec deux de ses novices (Pri 12).

Il existe en Thérèse une hâte, une impatience pour la vision de Dieu — « rapidement, promptement, ne guère s'arrêter ici-bas » — qu'elle a ressentie comme « une

1. VFA, 1,28 ; cf. Œ/J, p. 1109.

course de géant » (Ms A, 44v°, citant le Psaume 18,6). Il est vrai qu'après une sorte de lente préparation — ces dix ans, de 1877 à fin 1886, où elle a « tourné en rond » — elle a opéré un départ de course qui ne s'est plus ralenti et s'est même accéléré dans les deux dernières années. À vingt-quatre ans, tout sera terminé : sa vie s'était « consommée », « consumée » (elle joue souvent sur ces deux mots), telle une étoile filante qui irradie le ciel de sa lumière. Elle n'a jamais souhaité mourir jeune, mais elle a eu le pressentiment qu'elle partirait vite [1]. De fait, le 30 septembre 1897, tout était « accompli ».

De son côté, sœur Marie de la Trinité a témoigné : « Certains passages des œuvres de Notre Père saint Jean de la Croix sur l'amour la ravissaient, elle me les citait fréquemment et principalement celui-ci : " Il est de la plus haute importance que l'âme s'exerce beaucoup à l'amour " [2]... »

De son côté, Mère Agnès de Jésus a témoigné que sa sœur Thérèse lui « répéta plusieurs fois à l'infirmerie cette parole de saint Jean de la Croix [3] ».

Ce premier texte, décisif, est souvent associé par elle à un second.

II. *Le plus petit mouvement de pur Amour est plus utile à l'Église que toutes les autres œuvres réunies* [4]...

Dans sa *Consécration à la Sainte Face* et dans son testament elle a joint ces deux textes, ce qui est révélateur. On peut y voir son ultime message.

1. CJ 13.7.13.
2. VT 74, p. 151.
3. NPPA, cf. DE, p. 495.
4. CSB, 29,2, p. 400 ; cf. Œ/J, p. 1373. Annotation de la strophe 29. L'exemplaire de Thérèse porte : « ... est plus profitable à l'Église... »

Le 8 septembre 1896, elle s'est écriée : « Ô mon Jésus ! je t'aime, j'aime l'Église ma Mère, je me souviens que : " Le plus petit mouvement de *pur amour* lui est plus utile que toutes les autres œuvres réunies ensemble ", mais le *pur amour* est-il bien dans mon cœur ?... Mes immenses désirs ne sont-ils pas un rêve, une folie ? » (Ms B, 4v°.)

L'extraordinaire fécondité de l'Amour issu du cœur de Dieu entraînant l'extraordinaire fécondité de la vie de Thérèse — constatée depuis sa mort, il faut plutôt dire son « entrée dans la Vie » (LT 244), depuis qu'elle a, enfin (à vingt-trois ans), trouvé sa véritable vocation dans l'Église et dans le monde : « Ô Jésus mon Amour... ma *vocation* enfin je l'ai trouvée, ma vocation c'est l'Amour !... » (Ms B, 3v°.)

Cri indépassable qui, d'une certaine façon fait « éclater » sa vocation carmélitaine : être « épouse, carmélite et mère » ne lui suffisait plus. Et certes, se voulant « Prêtre, Docteur, Guerrier, Missionnaire, Martyr », elle ne va pas quitter son monastère, mais désormais sa vie va prendre une dimension universelle, alors que son histoire posthume prouve la vérité de ses désirs.

Aucune exaltation mégalomane chez cette jeune carmélite de vingt-trois ans qui souffre de « désirs infinis ». Elle reste lucide et remarque qu'il n'y a aucune exagération dans sa « petite âme, tout y est calme et reposé » (Ms B,1v°).

Certes, l'Amour, issu du cœur de Dieu — du Sacré-Cœur de chair du Fils incarné — anime toutes les vies de saints. L'originalité de Thérèse n'est pas là, mais dans le fait qu'elle se situe dans le cœur de l'Église, avec une perspective universelle, qui embrasse le temps et l'espace « depuis la création du monde et (...) jusqu'à la consommation des siècles » (Ms B, 3r°).

Une telle ambition pourrait paraître folie, Thérèse en est

bien consciente[1]. De fait, c'est la réalité et, une fois encore, l'histoire a confirmé la vérité de ces désirs qui n'étaient pas illusoires mais avaient été déposés dans son cœur par l'Esprit-Saint.

Le 19 mars 1897, dans une lettre au P. Roulland, missionnaire en Chine, elle reprendra le texte cité : « Saint Jean de la Croix a dit : " Le plus petit mouvement de pur amour est plus utile à l'Église que toutes les œuvres réunies. " S'il en est ainsi combien vos peines et vos épreuves doivent être profitables à l'Église, puisque c'est pour le seul amour de Jésus que vous les souffrez *avec joie*[2]. »

Elle a souligné les deux derniers mots.

III. Tiré de son livre les *Maximes*, la maxime 70 a plusieurs fois retenu l'attention de Thérèse :

> *Au soir de cette vie, on vous examinera sur l'amour. Apprenez donc à aimer Dieu comme il veut être aimé et laissez-vous vous-même.*[3]

C'est le texte qu'elle écrit sur une image de saint Jean de la Croix qu'elle offre à sœur Marie de la Trinité, le 7 mai 1896[4].

Nous avons remarqué qu'au recto de cette image sœur Thérèse a écrit : « Par Amour, souffrir et être méprisée », ce qui est un ajout bien caractéristique à la devise sanjuaniste découverte dans sa jeunesse. Ce « Par Amour » qui date de 1896 relève le chemin parcouru. L'Amour a tout envahi

---

1. « Ô mon Jésus ! à toutes mes folies que vas-tu répondre ? » (Ms B, 3r°.)
2. LT 221.
3. Cf. Œ/J, n° 58, p. 276.
4. LT 188, cf. CG II, p. 853. Reproduction en *Thérèse et Lisieux*, p. 173. À la page 170, image de Jean de la Croix offerte à Thérèse par Mère Marie de Gonzague avec le même texte.

depuis la découverte de l'Amour miséricordieux et l'offrande du 9 juin 1895. Il est la raison fondamentale de l'acceptation de la souffrance et écarte tout soupçon de dérive en ce qui concerne la souffrance[1].

IV.   Autre devise que sœur Thérèse a faite sienne :

> *Ô Jésus, je le sais l'amour ne se paie que par l'amour.*[2]

Elle a voulu faire figurer cette phrase dans les armoiries qu'elle a peintes à la fin de son premier manuscrit (A), dans une sorte de banderole, au-dessous des deux blasons, celui de Jésus (JHS), celui de Thérèse (FMT).

Mais elle connaissait ce texte depuis longtemps puisqu'elle le citait déjà le 12 mars 1889 dans une lettre à Céline : « L'amour ne se paie que par l'amour[3] » et elle ajoute un passage de la strophe 11 de *la Vive Flamme* : « les *plaies* de l'amour ne se guérissent que par l'amour[4] ».

On retrouve cette phrase dans son Manuscrit B, 4r°.

V.   Sur l'image donnée à sœur Marie de la Trinité le 7 mai 1896, on trouve encore deux maximes de saint Jean de la Croix :

> *Quand l'amour que l'on porte à la créature est une affection toute spirituelle et fondée sur Dieu seul, à*

1. Sur cette objection souvent entendue cf. A. Belford Wanov, « Religious Devotion or Masochism ? A psychoanalyst looks at Therese » dans *Experiencing St Therese today*, ICS Publications, Washington, D.C. 1990, pp. 140-156.
2. CSB, 9,7, *Cantique spirituel* B, p. 179 ; cf. Œ/J, p. 1258. Explication de la strophe 9.
3. LT 85, cf. CG I, p. 468. Tiré de *La Vive Flamme d'Amour*, strophe 9. Cf. dans une lettre à Marie Guérin (LT 109 du 27-29/7/1890) : « la maladie de l'amour ne se guérit que par l'amour ! » Cf. notre n° VIII, p. 67.
4. LT 85, *ibid.* ; LT 109, cf. CG I, p. 549.

mesure qu'elle croît, l'amour de Dieu croît aussi
dans notre âme ; plus alors le cœur se souvient du
prochain, plus il se souvient aussi de Dieu et le
désire, ces deux amours croissant à l'envi l'un de
l'autre [1].

VI.   Autre maxime :

Celui qui aime vraiment Dieu regarde comme un gain
et une récompense de perdre toute chose et de se
perdre encore lui-même pour Dieu [2]...

VII.   À la fin de son Manuscrit A (1895), Thérèse écrit un
        splendide passage qu'elle étaye de citations du
        Cantique spirituel :

« Je ne désire pas non plus la souffrance ni la mort et
cependant je les aime toutes les deux, mais c'est l'*amour*
seul qui m'attire... Longtemps je les ai désirées ; j'ai pos-
sédé la souffrance et j'ai cru toucher au rivage du Ciel,
j'ai cru que la petite fleur serait cueillie en son printemps... maintenant c'est l'abandon seul qui me guide, je
n'ai point d'autre boussole !... Je ne puis plus rien
demander avec ardeur, excepté l'accomplissement parfait de la volonté du Bon Dieu sur mon âme sans que les
créatures puissent y mettre obstacle. Je puis dire ces
paroles du cantique spirituel de N. Père St Jean de
la Croix :

Dans le cellier intérieur de mon Bien-Aimé, j'ai bu
et quand je suis sortie, dans toute cette plaine je ne
connaissais plus rien et je perdis le troupeau que je

1. Maxime 184.
2. Maxime 103.

> *suivais auparavant... Mon âme s'est employée avec*
> *toutes ses ressources à son service, je ne garde plus*
> *de troupeau, je n'ai plus d'autre office, parce que*
> *maintenant tout mon exercice est d'aimer !...* [1]

« ou bien encore :

> *Depuis que j'en ai l'expérience, l'AMOUR est si puis-*
> *sant en œuvres qu'il sait tirer profit de tout, du bien et*
> *du mal qu'il trouve en moi, et transformer mon âme*
> *en SOI.*

« Ô ma Mère chérie ! Qu'elle est douce la voie de
l'amour. » (Ms A, 83 r°.)

On trouve en quelques lignes trois citations du carme
espagnol.

Évidemment Thérèse ne pouvait que vibrer intensément
à ce texte qui comblait son désir de vie intime avec Jésus :
« Maintenant tout mon exercice est d'aimer. » N'est-ce pas
toute sa vie au carmel ?

Dès 1894, elle cite ce texte dans une lettre à Céline : « Il
(Jésus) se plaît à la voir (Céline) dans le désert n'ayant pas
d'autre office que d'aimer en souffrant sans même *sentir*
qu'elle *aime* [2] !... »

Il faut revenir sur la phrase de saint Jean de la Croix sur
« l'Amour qui sait *tirer profit de tout*, du *bien* et du *mal*
qu'il trouve en moi et transformer mon âme en SOI [1] ».

---

1. CSB, strophes 26 et 28. Cet abandon du troupeau, on le retrouve dans le
Divin petit Mendiant de Noël (RP 5,26, du 25/12/1895, donc contemporain de
ce texte final du Ms A) : « Pour charmer le doux Agneau / Ne gardez plus de
troupeau... » Cf. PN 18,35, du 28/4/1895 : « C'est ton amour seul qui m'en-
traîne. / Mon troupeau je laisse en la plaine / De le garder je ne prends pas la
peine. » La citation suivante vient de la *Glose sur le Divin*.

2. LT 157 (mars ou mai 1894), cf. CG II, p. 746.

Nous avons vu qu'elle figure dans le Manuscrit A, 83r°
et qu'elle est reprise par Thérèse dans la poésie offerte à
sœur Marie de la Trinité pour sa profession le 30 avril 1896.
Relisons-la intégralement :

> *Appuyée sans aucun Appui*
> *Sans Lumière et dans les Ténèbres*
> *Je vais me consumant d'Amour....*

1   Au monde (quel bonheur extrême)
    J'ai dit un éternel adieu !.....
    ..... Élevée plus haut que moi-même
    Je n'ai d'autre Appui que mon Dieu.
    Et maintenant je le proclame
    Ce que j'estime près de Lui
    C'est de voir et sentir mon âme
    Appuyée sans aucun appui !.....

2   Bien que je souffre sans Lumière
    En cette vie qui n'est qu'un jour
    Je possède au moins sur la terre
    La vie Céleste de l'Amour....
    Dans le chemin qu'il me faut suivre
    Se rencontre plus d'un péril,
    Mais par Amour je veux bien vivre
    Dans les Ténèbres de l'exil.

---

1. Elle reprendra cela dans l'image du kaléidoscope : « Oui, tant que
l'amour est dans notre cœur, que nous ne nous éloignons pas de son centre,
tout est bien et, comme dit saint Jean de la Croix : " *L'amour sait tirer profit
de tout, du bien et du mal qu'il trouve en moi et transformer toutes choses en
soi.* " Le bon Dieu, nous regardant par la petite lunette, c'est-à-dire comme à
travers lui-même, trouve nos misérables pailles et nos plus insignifiantes
actions toujours belles ; mais, pour cela, il ne faut pas s'éloigner du petit
centre ! Car, alors, de minces bouts de laine et de minuscules papiers, voilà ce
qu'il verrait » (CSG, p. 70).

3   L'Amour, j'en ai l'expérience
    Du bien, du mal qu'il trouve en moi
    Sait profiter (quelle puissance)
    Il transforme mon âme en soi.
    Ce Feu qui brûle dans mon âme
    Pénètre mon cœur sans retour
    Ainsi dans sa charmante flamme
    Je vais me consumant d'Amour !...

                                        (PN 30.)

Thérèse décalque son modèle et pourtant elle reste très personnelle. Son entourage, en écoutant chanter ce poème, ignore qu'elle est entrée dans l'épreuve de la nuit de la foi depuis le début d'avril 1896 : elle est bien « sans Lumière et dans les Ténèbres »...

Quant à l'Amour qui la consume, il tire parti, non seulement du bien qui est en elle, mais encore du *mal*. Pensée hardie mais profondément chrétienne dont on trouve l'écho dans la fameuse « *bienheureuse faute* » annoncée tous les ans au cœur de la Vigile pascale, lors du chant de l'*Exultet*. Affirmation capitale de la victoire du Ressuscité et conception du mal qui dénonce toute tentation de manichéisme : il n'existe pas deux dieux — un du Bien, un du Mal — qui luttent en un combat douteux, mais, face au Dieu Trinitaire, une créature spirituelle révoltée qui a perdu la partie depuis la mort et la résurrection de Jésus. Les Pères de l'Église ont toujours affirmé que Satan, depuis lors, n'était plus qu'un chien enragé enchaîné qui ne mord que les imprudents égarés, rôdant tout près de sa niche.

Il est vrai que la démonologie de Thérèse existe, mais qu'elle est discrète[1]. Son expérience précoce lui avait

---

1. Cf. l'annexe du *Triomphe de l'humilité,* Cerf-DDB, 1975, pp. 128-133.

enseigné qu'« une âme en état de grâce n'a rien à craindre des démons qui sont des lâches, capables de fuir devant le regard d'un enfant... » (Ms A, 10vº.)

Le 6 juillet 1893, dans une importante lettre à Céline, Thérèse connaissait déjà le texte de saint Jean de la Croix : « Ta Thérèse ne se trouve pas dans les hauteurs en ce moment mais Jésus lui apprend " à tirer profit de tout, *du bien* et *du mal* qu'elle trouve en soi* " » (LT 142).

VIII.　*La maladie de l'amour ne se guérit que par l'amour,* écrit saint Jean de la Croix [1].

Thérèse citera cette phrase dans une lettre à Céline du 12 mars 1889 :

« L'amour de Jésus pour Céline ne saurait être compris que de Jésus !... Jésus a fait des folies pour Céline... Que Céline fasse des *folies* pour Jésus... L'amour ne se paie que par l'amour et les *plaies* de l'amour ne se guérissent que par l'amour » (LT 85).

L'année suivante, elle reprendra cette citation dans une lettre à Marie Guérin (27-29 juillet 1890) :

« Tu te trompes, ma chérie, si tu crois que ta petite Thérèse marche toujours avec ardeur dans le chemin de la vertu, elle est faible et bien faible, tous les jours elle en fait une nouvelle expérience (...)

« Ma chère petite Marie, pour moi je ne connais pas d'autre moyen pour arriver à la perfection que " L'amour "... Aimer, comme notre cœur est bien fait pour cela !... Parfois je cherche un autre mot pour exprimer l'amour, mais sur la terre d'exil les paroles sont impuissantes à rendre toutes les vibrations de l'âme, aussi il faut s'en tenir à ce mot unique : *Aimer !* (...)

---

1. CSB, strophe 11 ; cf. Œ/J, p. 1269.

« Consoler Jésus, le faire *aimer* des âmes... Jésus est malade et il faut remarquer que *la maladie de l'amour ne se guérit que par l'amour!...* » (LT 109 — Nous soulignons les derniers mots.)

Mais remarquons la liberté de Thérèse par rapport à son maître : elle modifie le sens en intervertissant les rôles. Selon le mystique espagnol, c'est l'âme qui est malade d'amour et dont « la maladie d'amour ne peut se guérir que par la présence et la figure de l'objet aimé ». Mais pour la carmélite, c'est Jésus qui est malade, qui a soif et est affamé de l'amour de sa créature. C'est tout simplement l'inverse ! Il faut dire que Jean de la Croix lui-même a laissé une grande liberté à ses lecteurs. Il commençait le *Cantique spirituel* en affirmant : « Personne (...), bien qu'on l'interprète ici d'une certaine manière, ne doit se croire obligé de s'en tenir à cette explication » (Prologue, p. 93 ; cf. Œ/J, p. 1196).

IX. Dans le *Cantique spirituel B*, un long passage a retenu Thérèse :

« Il faut que la puissance de l'amour soit bien grande et ses entraînements bien irrésistibles, puisqu'il va jusqu'à charmer Dieu lui-même et à faire de lui son prisonnier ! Heureuse l'âme qui aime, puisque le Seigneur, devenu son captif par amour est disposé à se prêter à toutes ses aspirations.

« La générosité de l'amour, tel est le secret pour obtenir de lui tout ce qu'on veut et pour l'obliger à faire tout ce qu'on désire ; il ne faut à l'amour qu'un seul cheveu pour le saisir et l'enchaîner. S'y prendre autrement, fît-on même les choses les plus extraordinaires, c'est s'interdire le droit de s'entretenir avec lui et d'obtenir de lui la moindre faveur.

« L'âme connaît parfaitement ces vérités ; elle voit clairement que si elle a reçu de si étonnantes faveurs, et si surtout elle a été élevée à ce degré sublime d'amour, dans lequel elle possède, avec les dons et les vertus qui l'enrichissent, des gages infiniment précieux de l'affection de son Bien-Aimé, c'est sans aucun mérite de sa part. Et c'est pourquoi elle lui attribue et lui renvoie dans la strophe suivante, l'honneur et la gloire de ces grandes choses.

> Quand vous me regardiez,
> Vos yeux imprimaient en moi votre grâce ;
> C'est pourquoi vous m'aimiez avec tendresse,
> Et, par là, les miens méritaient
> D'adorer ce qu'ils voyaient en vous[1]. »

Céline avait copié le début de ce passage dans son Carnet[2].

Dans une lettre du 12 juillet 1896 à Léonie, Thérèse parle de « prendre Dieu par le Cœur », de le retenir « par un cheveu » :

« Je t'assure que le Bon Dieu est bien meilleur que tu le crois. Il se contente d'un regard, d'un soupir d'amour... Pour moi je trouve la perfection bien facile à pratiquer, parce que j'ai compris qu'il n'y a qu'à *prendre Jésus par le Cœur*. (...) Ah ! nous qui vivons dans la loi d'amour, comment ne pas profiter des amoureuses avances que nous fait notre Époux... comment craindre celui qui se laisse enchaîner par *un cheveu* qui vole sur notre cou !...

« Sachons donc le retenir prisonnier, ce Dieu qui devient le mendiant de notre amour. En nous disant que c'est un

---

1. CSB, annotation de la strophe 32, t. II, pp. 25-26 ; cf. Œ/J, p. 1390.
2. VT 78, 1980, p. 160 ; cf. *infra* et note 26. Cf. P. Descouvemont, *Thérèse de Lisieux et son prochain*, Lethielleux, 1962, p. 149, note 142.

cheveu qui peut opérer ce prodige, il nous montre que les plus *petites actions* faites par amour sont celles qui charment son cœur...

« Ah ! s'il fallait faire de grandes choses, combien serions-nous à plaindre ?... Mais que nous sommes heureuses puisque Jésus se laisse enchaîner par les *plus petites...* » (LT 191.)

L'image du cheveu qui retient captif le fiancé vient évidemment du Cantique des Cantiques selon la traduction de l'époque. Jésus est « mendiant », Jésus est tenu « captif » [1].

Jésus prisonnier de notre amour, elle a trouvé le début du texte de Jean de la Croix dans le Carnet de Céline déjà cité, sous une forme un peu différente : « Grand est le pouvoir et l'autorité de l'amour, puisqu'il s'empare de Dieu. Heureuse l'âme qui aime parce qu'elle tient Dieu prisonnier, soumis à ce qu'elle veut ! car telle est la nature de Dieu que si on le conduit dans les voies de l'amour et du bien, on lui fait faire tout ce qu'on veut [2]. »

Dès lors, on ne s'étonne pas de lire dans la strophe 2 du célèbre cantique *Vivre d'Amour*, composé spontanément le 26 février 1895 :

> *L'Esprit d'Amour m'embrase de son feu*
> *C'est en t'aimant que j'attire le Père*
> *Mon faible cœur le garde sans retour*
> *Ô Trinité ! vous êtes Prisonnière*
> *De mon Amour !...* (PN 17, 2.)

---

1. Cf. LT 164, du 22/5/94. Le Cantique des Cantiques est une source essentielle de Jean de la Croix (94 citations) et de Thérèse (103 citations). Cf. LT 191, du 12/7/96, à Léonie, où l'on retrouve les trois thèmes sanjuanistes.

2. Annotation sur la strophe 32 du CS, d'après la transcription de Céline faite à partir de la traduction de Mgr Landriot, p. 362. On retrouve le début de ce texte au verso d'une image donnée à sœur Marie du Sacré-Cœur le 24/2/1896 (*Poésies II*, Cerf-DDB, 1979, p. 108 ; NEC, p. 350).

Quelque temps plus tard, Thérèse écrit à la demande de sœur saint Vincent de Paul : *Mes désirs auprès de Jésus caché dans sa Prison d'Amour* (PN 25).

L'image du « Divin Prisonnier du Tabernacle » lui était familière[1], mais, comme on l'a noté, Thérèse souligne la différence entre un Dieu prisonnier *pour* nous (PN 25) et la Trinité prisonnière *en* nous[2].

X. C'est l'Amour encore qui fait courir les jeunes filles. Jean de la Croix l'affirme :

En suivant vos traces, les jeunes filles parcourent légèrement le chemin.[3]

Évidemment, il s'agira de Thérèse et Céline aux Buissonnets :

« Jésus qui voulait nous faire avancer ensemble, forma dans nos cœurs des liens plus forts que ceux du sang, Il nous fit devenir *sœurs d'âmes*, en nous se réalisèrent ces paroles du Cantique de St Jean de la Croix (parlant à l'Époux, l'épouse s'écrie) : "En suivant vos traces, les jeunes filles parcourent légèrement le chemin, l'attouchement de l'étincelle, le vin épicé leur font produire des aspirations divinement embaumées". Oui, c'était bien *légèrement* que nous suivions les traces de Jésus, les étincelles d'amour qu'Il semait à pleines mains dans nos âmes, le vin délicieux et fort qu'Il nous donnait à boire faisait disparaître à nos yeux les choses passagères et de nos lèvres sortaient des aspirations d'amour inspirées par Lui » (Ms A, 47v°/48r°).

---

1. Par exemple Ms A, 31v°, 34v°. Cf. image dans P. Descouvemont-H. N. Loose, *Sainte Thérèse de Lisieux. La vie en images,* pp. 247-248.
2. *Poésies II*, notes de la strophe 2 de PN 17, p. 108 ; NEC, p. 350.
3. CSB, strophe 25. Texte dans le Carnet de Céline : VT 78, p. 157.

Dans *Vivre d'Amour*, Thérèse évoquera cette légèreté due à l'amour :

> *Vivre d'Amour c'est donner sans mesure*
> *Sans réclamer de salaire ici-bas*
> *Ah ! sans compter je donne étant bien sûre*
> *Que lorsqu'on aime, on ne calcule pas !...*
> *Au Cœur Divin, débordant de tendresse*
> *J'ai tout donné... légèrement je cours*
> *Je n'ai plus rien que ma seule richesse*
> *Vivre d'Amour.*   (PN 17, 5.)

XI.   À cette dizaine de phrases fondamentales sur l'Amour empruntées à saint Jean de la Croix, on peut ajouter le long passage d'Ézéchiel 16 que Thérèse cite dans son premier manuscrit.

Privée de Bible au noviciat, elle n'aurait jamais trouvé ce passage, si elle ne l'avait lu dans le *Cantique spirituel*, d'autant plus que la crudité du texte biblique intégral incitait à en écarter les novices. Alors que dans son manuscrit (Ms A, 47r°), Thérèse n'hésite pas à s'appliquer à elle-même ce récit d'une alliance d'amour :

> « *J'étais à l'âge le plus dangereux pour les jeunes filles, mais le bon Dieu a fait pour moi ce que rapporte Ézéchiel dans ses prophéties : "Passant auprès de moi, Jésus a vu que le temps était venu pour moi d'être* aimée, *Il a fait alliance avec moi et je suis* devenue sienne... *Il a étendu sur moi son manteau, il m'a lavée dans les parfums précieux, m'a revêtue de robes brodées, me donnant des colliers et des parures sans prix... Il m'a nourrie de la plus pure farine, de miel et d'huile en* abondance... *alors je suis devenue*

belle à ses yeux et Il a fait de moi une puissante reine ! "...

« Oui Jésus a fait tout cela pour moi, je pourrais reprendre chaque mot que je viens d'écrire et prouver qu'il s'est réalisé en ma faveur » (Ms A, 47r°)[1].

Relisant ce passage du *Cantique spirituel* à l'infirmerie, la grande malade a entouré au crayon la référence à Ézéchiel 16[2]. Une dernière fois, elle y a relu sa merveilleuse aventure d'épouse de Jésus. Signe que la souffrance difficilement supportable de la maladie jointe à l'épreuve intérieure contre la foi ne lui faisait pas renier ses « fiançailles »[3].

XII.   Il faut enfin souligner l'importance de *la prière de l'âme embrasée de l'amour divin* de Jean de la Croix, qu'elle a lue dans son livre de *Maximes*[4] :

Le Père Lucien Marie de Saint-Joseph a écrit que « cette prière est une synthèse de l'œuvre de saint Jean de la Croix[5] ».

Sœur Thérèse en a surtout retenu la seconde partie, celle de l'action de grâce :

« Les cieux sont à moi ; la terre est à moi ; les nations, à moi ; les justes, à moi ; les pécheurs, à moi ! Les Anges sont à moi ; et la Mère de Dieu, et toutes les choses créées ! Mon Dieu lui-même est à moi et pour

---

1. Cf. l'introduction aux *Répons de sainte Agnès* (PN 26, 21/1/1896), *Poésies,* Cerf-DDB, 1979, et NEC, p. 149.
2. Page 335 de l'exemplaire lu par Thérèse.
3. Cf. l'introduction à PN 26, *Poésies,* p. 149.
4. Pp. 103-106 ; cf. ŒJ, p. 273.
5. *Du désespoir à l'action de grâce, Revue thomiste,* avril-septembre 1971, p. 288.

moi, puisque Jésus-Christ tout entier est à moi et pour moi ! Que demandes-tu donc et que cherches-tu encore ô mon âme ? Tout est à toi ; tout est pour toi ; ne te rabaisse point ! »

Les références à ce texte sont nombreuses.

Dès le 15 août 1892, elle écrit à Céline qui est à la Musse : « Céline, les vastes solitudes, les horizons enchanteurs qui s'ouvrent devant toi doivent t'en dire bien long à l'âme ? Moi je ne vois pas tout cela, mais je dis avec St Jean de la Croix : " J'ai en mon bien-aimé les montagnes, les vallées solitaires et boisées, etc. " » (LT 135, citant CSB, strophe 14).

Dans une lettre à Céline du 19 octobre 1892 : « Comme Zachée nous sommes montées sur un arbre pour voir Jésus... Alors nous pouvions dire avec St Jean de la Croix : " Tout est à moi, tout est pour moi, la terre est à moi, les cieux à moi, Dieu est à moi et la Mère de mon Dieu est à moi " » (LT 137).

Dans la très longue lettre du 23 février 1896 pour la profession de sa sœur, Thérèse revient à cette citation : « Tout est *à nous*, tout est *pour nous*, car en Jésus nous avons tout ! » (LT 182.)

Sœur Geneviève a souligné que cette prière sanjuaniste « ravissait sa sœur de joie et d'espérance », exprimant pour elle « cette admirable Communion des Saints qui faisait ses délices [1] ».

La sœur de Thérèse n'avait pas oublié le *Cantique de Céline*, fondé principalement sur *la prière de l'âme embrasée d'amour* qui se calque sur le schéma : « En Toi... j'ai... » [2] :

---

1. DE/G en DE, p. 615.
2. PN 18, strophes 36, 38, 39, etc. En PN 18 bis, *Qui a Jésus a tout,* synthèse de PN 18, l'exergue est celle-ci : « Plusieurs pensées sont prises dans le *Cantique spirituel* de saint Jean de la Croix. »

En toi, j'ai tout, la terre et le Ciel même
La Fleur que je cueille, ô mon Roi
C'est toi !...

Tout au long des strophes, on remarque une influence venant du *Cantique spirituel B*, par exemple :

J'ai le beau lac, j'ai la vallée
Solitaire et toute boisée   (PN 18, str. 46)
  J'ai, en mon Bien-Aimé,
  Les vallées solitaires et boisées
        (CSB, str. 14 ; p. 229).

J'ai la lyre mélodieuse
La solitude harmonieuse (str. 40)
  La musique silencieuse
  La solitude harmonieuse
        (CSB, str. 15 ; p. 229).

La nuit pareille au lever de l'aurore (str. 42)
  La nuit paisible
  Pareille au lever de l'aurore
        (CSB, str. 15).

La seconde pièce de théâtre sur Jeanne d'Arc se termine sur un chant alterné entre Jeanne et les saints : « Il est à moi. — *Il est à toi.* — Oh ! quel bonheur extrême. Tout le ciel est à moi. — *Tout le ciel est à toi.* — Les anges et les Saints !... Marie !... Mon Dieu lui-même. Ils sont à moi. — *Ils sont à toi.* »[1]

Dans son cantique : *À mes Petits Frères du Ciel*, Thérèse voit les Saints Innocents au Paradis s'approprier : « les tré-

---

1. RP 3, 23v°. *Théâtre au Carmel*, Cerf-DDB, 1985, p. 157; Œ/T, p. 857.

sors des Élus, leurs palmes, leurs couronnes / Tout est à vous » (PN 44,5).

De même, dans son long poème sur la Vierge Marie, elle se voit elle-même partager les vertus et l'amour de sa Mère :

> *Le trésor de la mère appartient à l'enfant*
> *Et je suis ton enfant, ô ma Mère chérie*
> *Tes vertus, ton amour, ne sont-ils pas à moi*[1] *?*

Sœur Thérèse avait encore lu dans le *Cantique spirituel* :

« Ainsi l'âme, douée d'une merveilleuse facilité à aimer, ne sait faire autre chose que goûter dans tout ce qui lui arrive les douceurs de l'amour de Dieu. Que les événements soient consolants ou amers, agréables ou fâcheux, peu importe. Comme l'amour la remplit, l'absorbe et la protège de telle sorte qu'elle ne peut plus sentir, goûter ou connaître autre chose, elle y trouve toujours le secret de grandir en amour et le talent d'aimer davantage. Elle ne sait plus qu'aimer.[2] »

Dans la poésie intitulée *La Reine du Ciel à son enfant bien aimée Marie de la Sainte Face*, Thérèse écrit :

> *Ne t'inquiète pas, Marie*
> *De l'ouvrage de chaque jour*
> *Car ton travail en cette vie*
> *Doit être uniquement : « L'Amour ! »*
>
> *Mais si quelqu'un vient à redire*
> *Que tes œuvres ne se voient pas*

---

1. PN 54, 5. Cf. Pri 13.
2. CSB, 27, 8, pp. 388-389; cf. Œ/J, p. 1368.

« J'aime beaucoup, pourras-tu dire
Voilà ma richesse ici-bas !... » [1]

Saint Jean de la Croix a aimé insister sur « la ressemblance obtenue par union d'amour » entre l'amant et l'amante. Il l'a fait dans les explications des strophes 12 et 32 du *Cantique spirituel* que Thérèse aimait commenter à son tour pour sœur Marie de la Trinité :

« Ce que l'âme désigne ici par les " yeux " de l'Époux, c'est sa miséricordieuse Divinité. En s'inclinant vers l'âme avec une bonté ineffable, la divine miséricorde épanche et imprime en elle les trésors de son amour et de sa grâce ; et par cette effusion divine elle lui communique une beauté si ravissante et une si sublime élévation, qu'elle entre en participation de la Divinité même [2]. »

Thérèse a relevé cet objectif fondamental de l'union d'amour. Nous sommes appelés à être Dieu par participation, dans le Fils, par l'Esprit. Très tôt, dans une belle lettre enflammée du 12 mars 1889, elle écrit à Céline :

« La vie passe... L'éternité s'avance à grands pas... Bientôt nous vivrons de la vie même de Jésus... après avoir été abreuvées à la source de toutes les amertumes, nous serons déifiées à la source même de toute les joies, de toutes les délices. (...) L'amour de Jésus pour Céline ne saurait être compris que de Jésus [3] !... »

« Nous sommes plus grandes que l'univers entier, un jour nous aurons *nous-mêmes* une existence Divine [4]... »

« Quel mystère que notre grandeur en Jésus [1]. »

---

1. PN 13,15 et 16.
2. CSB, 32,4, tome II, p. 28 ; cf. Œ/J, p. 1391.
3. LT 85, du 12 mars 1889. Cf. RP 2, 8r° : « Aussi dans la Sainte Patrie / Mes élus seront glorieux / En leur communiquant ma vie / J'en ferai autant de *dieux* !... »
4. LT 83, du 5 mars 1889.

Il s'agit du grand thème de la participation adoptive à l'Amour de Dieu, sujet de *La Vive Flamme d'Amour* dont la finale atteint les sommets du mariage spirituel (fin de la troisième strophe). Jean de la Croix arrive à la participation à la spiration d'amour dans la Trinité (quatrième strophe) :

« Par cette spiration que Dieu produit dans l'âme au moment où s'accomplit le réveil qui lui donne une si sublime connaissance de la Divinité, il lui communique le Saint-Esprit selon la mesure de cette connaissance qui l'absorbe si profondément, et il l'embrasse d'un amour d'autant plus délicieux qu'il est à hauteur des merveilles dont elle a été témoin. Cette spiration étant remplie de biens et de gloire, le Saint-Esprit en comble l'âme à son tour, et par là il la pénètre tout entière d'un amour telle-ment ineffable, qu'il est au-dessus de toute gloire et de tout sentiment[2]. »

Dans le manuscrit B de Thérèse, le petit oiseau est intro-duit dans le brasier de la Trinité sainte par l'aigle qui le porte sur le dos[3].

Nous sommes ici dans la ligne de la déification des Pères grecs, de la communion du Discours après la Cène en saint Jean 17.

Or saint Jean de la Croix cite la prière sacerdotale dans l'explication des strophes 36 et 39 du *Cantique spirituel*[4]. C'est le même texte que Thérèse cite à la fin de son manus-crit C pour exprimer son union avec le Christ. Elle justifie sa hardiesse (mettant au féminin le texte de saint Jean, l'adaptant à elle) parce que tout est commun entre le Fils et la disciple. Elle s'appuie sur Jean 17,10 : « *Tout ce qui est*

---

1. LT 137, du 19 octobre 1892.

2. VFA B, strophe 4,16, p. 312, dans Œ/J, p. 1545.

3. Ms B, 5v° ; cf. P. Marie-Eugène de l'Enfant-Jésus, *Je veux voir Dieu*, p. 1031 ; lire CSB, strophe 31, 8 ; Dt 30,10-12 ; Ex 19,4.

4. Tome II, pp. 64 et 99-100 de l'exemplaire de Thérèse.

à moi est à toi et tout ce qui est à toi est à moi. » Cette rencontre n'est-elle qu'une coïncidence ? Quoi qu'il en soit, Jean de la Croix et Thérèse sont parvenus au même sommet : le Testament du Christ juste avant sa Passion.

* * *

Notons encore la liberté d'interprétation de Thérèse vis-à-vis du saint espagnol.

À l'infirmerie, elle parle de sa pauvreté à mère Agnès de Jésus :

« Je ne puis m'appuyer sur rien, sur aucune de mes œuvres pour avoir confiance. Ainsi j'aurais bien voulu pouvoir me dire : Je suis quitte de tous mes offices des morts. Mais cette pauvreté a été pour moi une vraie lumière, une vraie grâce. J'ai pensé que je n'avais jamais pu dans ma vie acquitter une seule de mes dettes envers le bon Dieu, mais que c'était pour moi comme une véritable richesse et une force, si je le voulais. Alors j'ai fait cette prière : Ô mon Dieu, je vous en supplie, acquittez la dette que j'ai contractée envers les âmes du Purgatoire, mais faites-le en Dieu, pour que ce soit infiniment mieux que si j'avais dit mes offices des morts. Et je me suis souvenue avec une grande douceur de ces paroles du Cantique de St Jean de la Croix : " Acquittez toutes dettes. " J'avais toujours appliqué cela à l'Amour... Je sens que cette grâce ne peut se rendre... C'était trop doux ! On éprouve une si grande paix d'être absolument pauvre, de ne compter que sur le bon Dieu [1]. »

Comme l'a fait remarquer le Père E. Renault : « Elle comprend ce passage comme une supplication de l'âme pour que Dieu lui remette les obligations qu'elle n'a pas

1. CJ 6.8.4, citant VFA, str. 2,6, p. 183 de l'exemplaire de Thérèse.

accomplies, alors que Jean de la Croix entendait chanter le bonheur de l'âme *récompensée de tout ce qu'elle a souffert par de douces consolations*[1]. »

* * *

Au terme de ce chapitre, nous constatons que la parole rapportée par sœur Marie de la Trinité se trouve parfaitement vérifiée. Sur son chemin solitaire, sœur Thérèse de l'Enfant-Jésus et de la Sainte-Face a vraiment rencontré « le Saint de l'Amour par excellence ». Il l'a confirmée dans ses intuitions de novice encore timide et freinée par son entourage. Mais à partir de 1891 elle va oser s'avancer, avec audace, « sur les flots de la confiance et de l'amour » qui la feront déboucher, trois ans plus tard, dans la lumière de la voie d'enfance.

L'apport du Docteur mystique a été décisif — et explicite — dans l'itinéraire de la jeune carmélite de Lisieux.

« Ce qu'elle trouvait dans *la Vive Flamme* et le *Cantique spirituel*, c'était des horizons infinis, les horizons de l'amour de la vie trinitaire, cette lecture lui dévoilait cette présence de Dieu dont ne lui parlaient pas les prédicateurs de son temps qui lui faisaient faire surtout de l'ascèse. Elle trouvait en saint Jean de la Croix une ascèse d'un autre style, des vérités plus larges, plus profondes. Elle s'est attachée à saint Jean de la Croix, elle l'a appris par cœur[2]. »

---

1. Revue *Carmel,* 1990/3, p. 24.
2. P. Marie-Eugène de l'Enfant-Jésus, *Retraite sacerdotale,* 1957, p. 102.

CHAPITRE III

« CE MAÎTRE DE LA FOI... »

> *« Thérèse, si l'on y regarde bien, fut avant tout un héros de la foi. »*
>
> Stanislas Fumet
> (*Mikaël*, p. 183.)

> *« Appuyée sans aucun appui... »*
>
> (PN 30.)

À Ségovie, le 4 novembre 1984, Jean Paul II a rappelé qu'il avait fait sa thèse de doctorat sur *la foi en saint Jean de la Croix* [1]. « Ce maître de la foi... » dit le Pape.

Chez Thérèse de Lisieux, on ne trouve pas autant de phrases sur la foi empruntées à Jean de la Croix qu'en ce qui concerne l'Amour.

L'essentiel de l'enseignement du Maître espagnol sur ce sujet se trouve dans *La Montée du Carmel*, livre II, avec ses 32 chapitres. On peut lire d'autres textes dans *La Nuit obscure*, livre II. Mais il faut le redire, on ne sait si sœur Thérèse a vraiment lu ces livres. Elle n'a quasi rien retenu de l'expression théologique de la foi selon l'enseignement du Saint, mais elle possédait son petit livre des *Maximes*. Celui-ci, nous savons qu'elle l'a lu et relu. Le chapitre sur *La Foi* comporte les maximes 17 à 36. C'est un véritable petit traité de cette vertu théologale. Le mieux est de le reproduire ici, tel qu'il a été médité par la jeune carmélite.

En épigraphe, deux paroles de l'Écriture : « *Je te rendrai mon épouse par la foi* » (Os 2,21) et « *Sans la foi, il est impossible de plaire à Dieu. Car pour s'approcher de Dieu, il faut croire...* » (He 11,6.)

---

1. Publiée aux Éditions du Cerf en 1980, 224 pages.

17   Le chemin de la foi est le seul bon et sûr. C'est par lui que doivent marcher les âmes qui veulent avancer dans la vertu, fermant les yeux à tout ce qui est des sens, ou de l'esprit propre, si éclairé qu'il soit.

18   Quand les inspirations viennent de Dieu, elles sont toujours réglées par des motifs tirés de la loi de Dieu et de la foi, et c'est par la perfection de la foi que l'âme va s'approchant toujours davantage de Dieu.

19   L'âme qui s'attache fidèlement aux lumières et aux vérités de la foi, marche sûrement sans danger d'erreur. Car on peut tenir pour règle ordinaire qu'une âme ne s'égare qu'en suivant ses inclinations, ses goûts, ses raisonnements et ses idées propres, qui la font pécher presque toujours ou par excès ou par défaut, l'inclinant vers ce qui ne convient point au service de Dieu.

20   Avec la foi, l'âme chemine sans avoir à craindre le démon, son plus fort et son plus astucieux ennemi. Aussi saint Pierre ne trouvait pas de plus puissant secours contre le démon, et disait aux fidèles : Résistez-lui par la fermeté de votre foi.

21   Pour qu'une âme approche de Dieu et s'unisse à lui, il vaut mieux qu'elle marche sans comprendre qu'en comprenant, et dans un oubli total des créatures ; échangeant ce qu'il y a de compréhensible et de variable dans les créatures contre l'immuable et l'incompréhensible qui est Dieu même.

22   La lumière nous est utile en ce monde visible, pour nous empêcher de tomber. Mais dans les choses de Dieu, tout au contraire, mieux vaut ne pas voir ; et l'âme y trouve plus de sécurité.

23   Comme il est certain que, dans cette vie, nous connaissons Dieu plutôt par ce qu'il n'est pas que par ce qu'il est, l'âme doit, pour aller à lui, marcher en

rejetant toute perception, naturelle et surnaturelle, autant que cela lui est possible.

24 Toute perception et intelligence des choses surnaturelles ne saurait nous aider autant, pour croître dans l'amour divin, que le moindre acte de foi vive et d'espérance en Dieu, complètement dénué de toute lumière.

25 De même que, suivant les lois de la génération naturelle, aucun être ne saurait prendre une forme nouvelle, sans perdre celle qu'il avait auparavant, de même il faut que la vie animale et la vie des sens soient détruites en l'âme, pour y donner place à la pure vie de l'esprit.

26 Ne cherchez pas la présence des créatures, si vous voulez conserver clairs et purs les traits de la Face divine en votre âme. Mais dégagez et videz votre esprit de tout objet créé. Ainsi vous marcherez parmi les lumières de Dieu, qui ne ressemble pas à la créature.

27 La foi est le plus sûr refuge d'une âme ; et l'Esprit-Saint lui-même est alors sa lumière. Car plus une âme est pure et riche des perfections d'une foi vive, plus elle possède abondamment la charité infuse de Dieu, plus elle reçoit de lumières et de dons surnaturels.

28 Une des faveurs les plus insignes que le Seigneur fasse à une âme durant cette vie, — encore n'est-elle pas durable, mais passagère — c'est de lui accorder une connaissance si claire et un sentiment si relevé de sa divinité, qu'elle comprenne et voit d'une vue très nette qu'il lui est impossible d'en avoir pleinement ici-bas la connaissance et le sentiment.

29 Quand une âme s'appuie sur sa propre science, ou sur ses goûts et ses sentiments, pour aller à Dieu, ne voyant pas que de pareils moyens sont sans valeur et sans proportion avec un tel but, elle s'égare

facilement, ou s'arrête en chemin, faute de s'attacher aveuglément à la seule foi qui est son vrai guide.

30 C'est une chose surprenante que ce qui se passe de nos jours. Quand une âme a pour moins de quatre deniers de considération des choses divines, et qu'elle entend en elle-même le son de quelque parole intérieure, dans un moment de recueillement, elle tient aussitôt cela pour quelque chose de sacré et de divin ; et sans en douter le moins du monde : « Dieu, dit-elle, m'a dit », « Dieu m'a répondu ». Or cela n'est pas vrai ; et c'est elle-même qui se parle et qui se répond, par l'effet même de son désir.

31 Celui qui voudrait, de nos jours, demander à Dieu d'obtenir quelque vision ou révélation ferait, ce me semble, outrage au Seigneur, ne jetant pas uniquement les yeux sur son Christ. Et Dieu aurait droit de lui répondre : « Voici que vous avez mon Fils bien-aimé, en qui j'ai mis toutes mes complaisances. Écoutez-le, et ne cherchez pas de nouveaux modes d'enseignement ; car en lui et par lui je vous ai dit et révélé tout ce que vous pouvez désirer et me demander ; vous le donnant pour frère, pour maître, pour ami, pour rançon et pour récompense. »

32 Nous devons en tout nous guider par la doctrine de Jésus-Christ et de son Église, y cherchant le remède à nos ignorances et à nos faiblesses spirituelles ; car c'est là, en effet, que nous trouverons pour tous nos maux un remède sûr et toujours présent. Celui qui s'écarterait de cette voie, serait non seulement coupable de vaine curiosité, mais d'une témérité insupportable.

33 Il ne faut rien croire ni agréer par communication surnaturelle, que ce qui est d'accord avec la doctrine de Jésus-Christ et la parole de ses ministres.

34 L'âme qui veut avoir des révélations pèche au
    moins véniellement ; et ceux qui la poussent à ce
    désir ou qui y consentent pèchent de même, bien que
    ce soit pour une bonne fin, parce qu'il n'y a en tout
    cela aucune nécessité : la raison naturelle et la doc-
    trine de l'Évangile suffisent pour nous diriger en
    toute chose.

35 L'âme qui désire des révélations diminue d'autant la
    perfection qu'elle avait acquise en ne se guidant que
    par la foi ; et elle ouvre ainsi la porte au démon, lui
    permettant de venir la tromper par d'autres révéla-
    tions toutes semblables, qu'il sait déguiser à merveille
    et faire paraître également bonnes.

36 Toute la sagesse des saints consiste à savoir diriger
    fortement leur volonté vers Dieu, accomplissant avec
    perfection sa sainte loi et ses divins conseils.

Par ailleurs, si Thérèse a lu attentivement la strophe 12
du *Cantique spirituel B*, explication 2-6, elle a pu trouver
là un autre résumé substantiel sur la foi.

Bien que tout ceci ait pu être sérieusement assimilé par
sœur Thérèse, elle l'a surtout intégré vitalement. Fort peu
de citations sur la vertu de foi dans ses écrits, mais une attitude spirituelle qui la montre, tout au long de sa vie carmélitaine, vivant habituellement de la foi [1].

Écoutons d'abord sœur Geneviève (Céline) :

« La vie entière (de Thérèse) s'écoula dans la foi nue. Il
n'y avait pas d'âme moins consolée dans la prière ; elle me
confia qu'elle avait passé sept ans dans une oraison des
plus arides : ses retraites annuelles, ses retraites du mois lui
étaient un supplice. Cependant on l'eût crue inondée de

---

1. Dans les Manuscrits, on trouve 24 fois le mot *foi*, dans les *Lettres*, 7 fois,
dans tous les écrits 57 fois. Le mot *amour* apparaît 756 fois dans les écrits.

consolations spirituelles, tant ses paroles et ses œuvres avaient d'onction, tant elle était unie à Dieu [1]. »

Pour ce qui est des difficultés de sœur Thérèse pendant ses retraites, nous avons déjà cité le témoignage de Mère Agnès de Jésus :

« Elle souffrait beaucoup lorsque dans les instructions on parlait de la facilité avec laquelle on peut tomber dans un péché mortel, même par une simple pensée. Il lui semblait si difficile à elle d'offenser le bon Dieu quand on l'aime ! Pendant tout le temps de ces exercices, je la voyais pâle et défaite, elle ne pouvait plus manger ni dormir et serait tombée malade si cela avait duré [2]. »

Ceci est confirmé par Thérèse elle-même : « Ordinairement les retraites prêchées me sont encore plus douloureuses que celles que je fais toute seule » (Ms A, 80 r°).

Quant à l'aridité dans l'oraison, elle l'a connue très tôt. Nous en avons des échos dans les quatorze petits billets écrits durant sa retraite de prise d'habit qui dura quatre jours (5-10 janvier 1889).

Jésus ne lui dit absolument rien

La novice a seize ans :

« Rien auprès de Jésus, sécheresse !... Sommeil !... (...) Je suis pourtant BIEN *heureuse*, heureuse de souffrir ce que Jésus veut que je souffre. (...) Puisque Jésus veut dormir pourquoi l'en empêcherais-je ? Je suis trop heureuse qu'il ne se gêne pas avec moi, il me montre que je ne suis pas

1. CSG, p. 76.
2. PA, p. 467.

une étrangère en me traitant ainsi, car je vous assure qu'il ne fait pas de frais pour me tenir conversation [1] !... »

À sœur Marie du Sacré-Cœur (sa sœur Marie) :

« Le pauvre agnelet (Thérèse elle-même) ne peut rien dire à Jésus et surtout Jésus ne lui dit absolument rien, priez pour lui afin que sa retraite plaise quand même au cœur de celui qui SEUL lit au plus profond de l'âme !... (...) C'est la souffrance connue de Jésus seul [2] !... »

À sœur Agnès de Jésus :

« Mon fiancé (Jésus) (...) aime mieux me laisser dans les ténèbres que de me donner une fausse lueur qui ne serait pas *lui* !... (...) Lui seul est le bonheur parfait même quand lui-même paraît absent !... Aujourd'hui plus qu'hier, si cela est possible, j'ai été privée de toute consolation ; je remercie Jésus qui trouve cela bon pour mon âme, et puis, peut-être que si il me consolait je m'arrêterais à ces douceurs, mais il veut que *tout* soit pour lui !... (...) Si Jésus ne me donne pas de consolation, il me donne une paix si grande, qu'elle me fait plus de bien [3] !... »

Encore à sœur Agnès :

« L'agneau (Agnès) se trompe en croyant que le jouet de Jésus n'est pas dans les ténèbres, il y est plongé. Peut-être, et l'agnelet en convient, ces ténèbres sont-elles lumineuses mais malgré tout ce sont des ténèbres... Sa *seule* consolation est une force et une paix très grande, et puis elle espère être comme Jésus veut, voilà sa joie, car autrement tout est tristesse... (...) Je crois que le travail de Jésus pendant cette retraite a été de me détacher de tout ce qui n'est pas lui... Si vous saviez combien ma joie est grande de n'en avoir aucune pour faire plaisir à Jésus !... C'est de la joie raffinée (mais nullement sentie) [1]. »

1. LT 74, du 6/1/1889, à sœur Agnès de Jésus.
2. LT 75, du 6 ou 7/1/1889.
3. LT 76, du 7/1/1889.

Quelques mois plus tard, du 28 août au 7 septembre 1890 (elle a dix-sept ans et demi), elle fait une nouvelle retraite, celle de sa profession. Il nous reste quelques billets (LT 110 et LT 117), mais cette fois quelques lignes du premier manuscrit nous renseignent plus précisément : « La retraite qui précéda ma profession (...) fut loin de m'apporter des consolations, l'aridité la plus absolue et presque l'abandon furent mon partage. Jésus dormait comme toujours dans ma petite nacelle » (Ms A, 75v°). Plus loin, elle reprend : « Ma retraite de profession fut donc comme *toutes celles qui la suivirent* une retraite de grande aridité... » (Ms A, 76r°. — C'est nous qui soulignons.)

Lisons maintenant quelques extraits des billets écrit pendant la retraite.

La jeune novice parle de son itinéraire qui se passe dans « un souterrain où il ne fait ni froid ni chaud, où le soleil ne luit pas et que (...) la pluie ni le vent ne visitent pas, un souterrain où je ne vois rien qu'une clarté à demi voilée, la clarté que répandent autour d'eux les yeux baissés de la face de mon Fiancé !... Mon Fiancé ne me dit rien et moi je ne lui dis rien non plus, sinon que *je l'aime* plus *que moi*, et je sens au fond de mon cœur que c'est vrai car je suis plus à Lui qu'à moi !... Je ne vois pas que nous avancions vers le terme de la montagne puisque notre voyage se fait sous terre, mais pourtant il me semble que nous en approchons sans savoir comment. La route que je suis n'est d'aucune consolation pour moi et pourtant elle m'apporte toutes les consolations puisque c'est Jésus qui l'a choisie, et que je désire le consoler tout seul, tout seul [1] !... »

---

1. LT 78, du 8/1/1889. Le P. Pichon lui écrira, le 27/3/1890, de Montréal : « Vos Merci doivent se multiplier au soir des journées de sécheresse et d'amertume » (CG I, p. 522).

« Souterrain » et « sous terre » évoquent évidemment la nuit.

Image qu'elle va expliciter dans une lettre à sœur Marie du Sacré-Cœur :

« Je vous assure qu'elle (Thérèse) n'entend guère les harmonies célestes. Son voyages de noces est bien aride, son fiancé lui fait, il est vrai, parcourir des pays fertiles et magnifiques mais la *nuit* lui empêche *[sic]* de rien admirer et surtout de jouir de toutes ces merveilles. Vous allez peut-être croire qu'elle s'en afflige mais non, au contraire, elle est heureuse de suivre son fiancé à cause de l'amour de *Lui seul* et non pas à cause de ses dons... Lui seul il est si beau, si ravissant ! même quand il *se tait*... même quand il se cache [2] !... »

À sœur Agnès de Jésus, le lundi 1er septembre :

« Mais je ne comprends pas la retraite que je fais, je ne pense à rien, en un mot je suis dans un souterrain bien obscur !... Oh ! demandez à Jésus, vous qui êtes ma lumière, qu'il ne permette pas que les âmes soient privées à cause de moi des lumières qui leur sont nécessaires, mais que mes ténèbres servent à les éclairer [3]... »

Phrase tout à fait capitale sur laquelle il faut nous arrêter, car elle évoque ce que Thérèse écrira à la fin de sa vie, dans sa grande épreuve de la Foi et de l'Espérance qui durera dix-huit mois : elle implore Dieu pour que « ses frères » incrédules aient la lumière et accepte pour cela de rester « seule » dans la nuit. « Que tous ceux qui ne sont point éclairés du lumineux flambeau de la Foi le voient luire enfin... » (Ms C, 6rº.)

Ainsi, déjà, la novice perçoit que son épreuve nocturne est corédemptrice, missionnaire. Une différence toutefois

---

1. LT 110, du 30-31/8/1890, à sœur Agnès de Jésus.
2. LT 111, du 30-31/8/1890.
3. LT 112, du 1/9/1890.

entre ces deux nuits [1] : la première est purificatrice (et déjà
corédemptrice, car il ne faut pas attendre d'être totalement
purifié pour participer à la rédemption [2]) ; la seconde est
essentiellement corédemptrice, même s'il demeure
quelques traces de purification [3].

Il est véritablement étonnant qu'une si jeune religieuse ait
perçu ce lien entre sa nuit et sa répercussion salvifique sur
les « incroyants ». Cette communion des saints prendra toute
sa force sept ans plus tard, lors des derniers mois de sa vie.

Terminons la lecture de la lettre 112 :

« Demandez-lui aussi que je fasse une bonne retraite et
qu'il soit aussi content qu'il puisse l'être ; alors moi aussi
je serai contente et je consentirai, si c'est sa volonté, à marcher toute ma vie dans la route obscure que je suis pourvu
qu'un jour j'arrive au terme de la montagne de l'Amour [4],
mais je crois que ce ne sera pas ici-bas. »

Autre étonnante déclaration sur l'estime de cette vie de
foi obscure pour une si jeune carmélite qui l'accepte,
presqu'à la mort, pourvu que la volonté de l'Aimé se fasse.
Notons qu'en 1895 elle sera dans les mêmes dispositions :
« Jésus ne se réveillera pas sans doute avant ma grande
retraite de l'éternité, mais au lieu de me faire de la peine
cela me fait un extrême plaisir... » (Ms A, 75v°.) Mesurons
la force de ces paroles.

Trois jours plus tard, le 4 septembre 1890, même vocabulaire dans un billet à sœur Agnès de Jésus :

« Mon âme est toujours dans le souterrain mais elle y est
bien heureuse, oui heureuse de n'avoir aucune consolation

---

1. Remarquons que le vocabulaire de 1890 est proche de celui de 1897 :
« souterrain » (1890), « sombre tunnel » (1897).

2. P. Marie-Eugène de l'Enfant-Jésus, *Je veux voir Dieu,* p. 817, n. 1.

3. « Maintenant (cette épreuve) enlève tout ce qui aurait pu se trouver de
satisfaction naturelle dans le désir que j'avais du Ciel » (Ms C, 7v°).

4. Réminiscence de *la Montée du Carmel* de saint Jean de la Croix ?
Cf. LT 105, LT 112, Ms B, 1v°...

car je trouve qu'alors son amour n'est pas comme l'amour des fiancées de la terre qui regardent toujours aux mains de leur Fiancé pour voir s'il ne leur apporte pas quelques présents, ou bien à leur visage pour y surprendre un sourire d'amour qui les ravit [1]... »

Et le lundi 8 septembre 1890, sœur Thérèse de l'Enfant-Jésus fait profession, « inondée d'un fleuve de paix (...). Ce fut dans cette " paix surpassant tout sentiment " » (Ph 4,7) qu'elle prononça ses vœux (Ms A, 76v°).

Elle a acquis une dimension nouvelle. Cette « paix » qui l'inonde, elle était déjà dans son obscurité. Déjà elle vivait ce que nous appellerions spontanément un paradoxe, mais que le P. Marie-Eugène de l'Enfant-Jésus nomme « antinomie », à savoir la cœxistence dans l'âme de sentiments apparemment opposés : joie / souffrance, obscurité / paix, aridité / sérénité [2]...

Nous savons déjà que lors de sa prise d'habit elle a complété son nom de religion : *de la Sainte-Face*. À partir de sa profession il lui arrivera de signer sœur Thérèse de l'Enfant-Jésus *et de la Sainte Face* [3]. Car dans le faire-part de ses Noces, la « dot » de son divin Époux est « L'Enfance de Jésus et sa Passion » [4].

On peut y lire l'écho en elle de la maladie de son père, épreuve qui la taraude au plus profond depuis l'hospitalisation de Louis Martin au Bon Sauveur de Caen (12 février 1889), mais aussi ce régime austère de la foi nue dans l'oraison qui est le sien. Elle a commencé à lire le « Docteur de la Foi » et déjà elle vit profondément son enseignement sur « la foi, chemin de l'oraison [1] ».

---

1. LT 115.
2. *Je veux voir Dieu,* table analytique, p. 1083 : mot *antinomie*. Cf. *Au souffle de l'Esprit,* éd. du Carmel, 1990, pp. 127, 179-180.
3. Cf. LT 80 et LT 119, à sœur Marthe de Jésus.
4. LT 118 et Ms A, 77v°.

L'oraison : sommeil de Thérèse
et sommeil de Jésus

La prière de sœur Thérèse a continué sur ce chemin de
la sécheresse et de l'aridité où la vertu théologale de Foi a
été sa lumière dans la nuit.

Cette sécheresse, elle l'évoque bien souvent dans ses
récits :

« La sécheresse était mon pain quotidien » (Ms A, 73v°).
« Parfois une parole que j'ai tirée à la fin de l'oraison
(après être restée dans le silence et la sécheresse) vient me
consoler » (Ms B, 1r°). « Quelquefois lorsque mon esprit
est dans une si grande sécheresse qu'il m'est impossible
d'en tirer une pensée pour m'unir au Bon Dieu, je récite
très lentement un " Notre Père " et puis la salutation angé-
lique » (Ms C, 25v°).

Le 18 juillet 1893, elle a écrit à Céline à propos des
ténèbres et des sécheresses : « Quand je ne *sens* rien, que
je suis *incapable* de *prier* [2]... »

Mais si Jésus dort en elle [3], il faut dire que Thérèse s'endort aussi à l'oraison et pendant les actions de grâces. Lu
avec le recul de l'histoire, ce passage du manuscrit A ne
manque pas de sel :

« Vraiment je suis loin d'être une sainte, rien que cela en
est une preuve ; je devrais au lieu de me réjouir de

1. Titre d'un article du P. F. Retoré dans *Communio*, n° X, 4,
juillet-août 1985, pp. 1-14.
2. LT 143.
3. Cf. LT 144, 160, 165. Cf. *Vivre d'Amour* : «Vivre d'Amour, lorsque
Jésus sommeille / C'est le repos sur les flots orageux / Oh! ne crains pas,
Seigneur, que je t'éveille / j'attends en paix le rivage des cieux...» (PN 17, 9).
Cf. PN 13, 14 ; PN 24,32 ; PN 42,1,2,3,4.

ma sécheresse l'attribuer à mon peu de ferveur et de fidélité, je devrais me désoler de dormir (depuis 7 ans) pendant mes oraisons et mes *actions de grâces...* » (Ms A, 75vᵒ.)

Sœur Marie de la Trinité, entrée au carmel de Lisieux le 16 juin 1894, donc trois ans seulement avant la mort de sa maîtresse des novices, a pu témoigner de la persistance de ce sommeil dans sa vie. « Elle se cramponnait, elle tombait en avant pendant la messe. Elle tombait de fatigue. Elle dormait presque sans arrêt pendant ses actions de grâces, à genoux, tête par terre. Elle ne pouvait pas réagir [1]. »

Décrivant sa vie concrète dans la parabole du petit oiseau (Ms B de septembre 1896), Thérèse ne manque pas de parler de son sommeil à l'oraison :

« C'est là encore une faiblesse du petit oiseau lorsqu'il veut fixer le Divin Soleil et que les nuages l'empêchent de voir un seul rayon, malgré lui ses petits yeux se ferment, sa petite tête se cache sous la petite aile et le pauvre petit être s'endort, croyant toujours fixer son Astre chéri. À son réveil, il ne se désole pas, son petit cœur reste en paix, il recommence son office d'*amour...* » (5rᵒ.)

Pas de consolations

Il faut beaucoup de courage et de la foi pour renoncer à toute consolation lorsqu'on s'engage sur le chemin de l'oraison.

---

1. Notes prises par le P. Philippe de la Trinité, o.c.d., après un parloir avec sœur Marie de la Trinité, en 1940. Cf. *Thérèse de Lisieux, la sainte de l'enfance spirituelle*, Lethielleux, 1980, p. 25, note 4.

« Je ne puis pas dire que j'aie souvent reçu des consolations pendant mes actions de grâces, c'est peut-être le moment où j'en ai le moins... Je trouve cela tout naturel puisque je me suis offerte à Jésus non comme une personne qui désire recevoir sa visite pour sa propre consolation, mais au contraire pour le plaisir de Celui qui se donne à moi » (Ms A, 79v°).

Elle a écrit à sa cousine Marie Guérin :« Ne te fais pas de peine de ne sentir aucune consolation dans tes communions, c'est une épreuve qu'il faut supporter avec amour[1]. »

Elle écrira à Céline en 1890 : « Détachons-nous des *consolations* de Jésus, pour nous attacher à *Lui*[2]. »

Lorsque Léonie Martin ressortira une fois encore du monastère de la Visitation de Caen le 20 juillet 1895, sa sœur Thérèse écrira à sa tante Guérin : « Le bon Dieu qui voulait éprouver notre foi, ne nous envoyait aucune consolation[3]. »

L'année suivante, une phrase du manuscrit B résume l'ensemble : « Ne croyez pas que je nage dans les consolations, oh non ! ma consolation c'est de n'en pas avoir sur la terre » (1r°).

Sa sœur Marie du Sacré-Cœur, qui reçoit cette lettre, ignore évidemment qu'elle est dans l'épreuve de la Foi depuis Pâques 1896.

Ces aridités et sécheresses habituelles deviennent, dans une vie consacrée à la prière, un véritable martyre de l'âme. Une fois encore, on s'étonne que, dès 1889, la jeune Thérèse ait pu écrire à Céline :

« Comment donc Jésus a-t-il fait pour détacher ainsi nos âmes de tout le créé[4] ? Ah ! il a frappé un grand coup...

---

1. LT 93, du 14/7/1889.
2. LT 105, du 10/5/1890.
3. LT 178, du 20-21/7/1895.
4. Objectif proposé par saint Jean de la Croix : l'allusion est évidente.

mais c'est un coup d'amour. Dieu est admirable, mais surtout il est aimable, aimons-le donc... aimons-le assez pour souffrir pour lui tout ce qu'il voudra, *même* les peines de l'âme, les aridités, les angoisses, les froideurs apparentes... ah ! c'est là un grand amour d'aimer Jésus sans sentir la douceur de cet amour... c'est là un martyre... Eh bien ! *mourons Martyres*[1]. »

Purifications

Il est extrêmement difficile d'essayer de suivre l'itinéraire spirituel de sœur Thérèse à la lumière des catégories décrites par saint Jean de la Croix dans *La Montée du Carmel* et *La Nuit obscure*. Une étude en espagnol l'a tenté. Le P. Marie-Eugène ne craint pas d'affirmer : « Sainte Thérèse de l'Enfant-Jésus est passée rapidement à travers toutes les purifications du sens et de l'esprit parce qu'elle ne les a jamais regardées[2]. »

Que Thérèse ait été purifiée, on ne peut en douter. Elle-même connaissait ses tendances, spécialement vers l'amour-propre dont on a pu dire qu'il était orienté vers LE péché fondamental : l'orgueil[3].

Cependant elle ignore le mot « purification » dans ses écrits et le verbe « purifier » est très rare[4].

« Rapidement, écrivait le P. Marie-Eugène. Il le fallait, certes, dans une vie qui n'a pas dépassé vingt-quatre ans. »

---

1. LT 94, du 14/7/1889.
2. *Jean de la Croix. Présence de lumière,* pp. 231-232.
3. Cf. M.-D. Molinié, *Je choisis tout,* CLD, 1992 : « Thérèse et l'orgueil », pp. 186-192.
4. 5 fois dans les *Manuscrits,* 3 fois dans les *Lettres,* 12 fois dans l'ensemble des écrits.

* * *

Pendant dix ans — de la mort de sa mère (1877) à sa conversion de Noël 1886 — elle va vivre une série de purifications éprouvantes, une sorte de noviciat efficace qui l'amènera à se détacher de tout et d'abord d'elle-même. Elle va connaître des souffrances entrecoupées de grandes grâces. Résumons cet itinéraire d'une enfant qui a beaucoup souffert [1].

La mort de sa mère lorsqu'elle a quatre ans et demi va provoquer une blessure qui ne sera guérie que dix ans plus tard. Les pertes successives de ses seconde mère (Pauline), puis troisième (Marie), rouvriront cette blessure. Une très grave maladie suivra le départ de Pauline au Carmel et l'enfant n'en sera guérie que par le sourire de la Vierge (13 mai 1883). Mais « deux peines d'âme » subsisteront et elle n'en sera débarrassée que quatre et cinq ans plus tard. Notons qu'à propos de la peine d'âme concernant le « secret de la Vierge » qu'elle croit avoir trahi, elle écrit : « La Sainte Vierge a permis ce tourment pour le bien de mon âme, peut-être aurais-je eu sans lui quelque pensée de vanité, au lieu que l'*humiliation* devenant mon partage, je ne pouvais me regarder sans un sentiment de *profonde horreur*... Ah ! ce que j'ai souffert je ne pourrai le dire qu'au Ciel [2] !... » Thérèse a alors un peu plus de dix ans. Elle aura à progresser pour sortir de ce sentiment négatif. Il lui faudra connaître la réconciliation avec elle-même. Ce qui arrivera en novembre 1887, en l'église Notre-Dame des Victoires à Paris, où une grâce mariale la rassurera pleinement (Ms A, 30v°, 56v°).

---

1. « Mon esprit se développa au sein de la souffrance... » (Ms A, 27r°) et tant d'autres citations.
2. Ms A, 31r°.

Après sa seconde retraite à l'école pour le renouvelle-ment de sa communion, elle va entrer dans une crise de scrupules qui va durer dix-sept mois. Seule, sa sœur Marie pouvait l'aider à avancer dans ce brouillard. Or en octobre 1886, Marie entre à son tour au Carmel. La perte de cette troisième mère va faire descendre Thérèse au plus pro-fond. Il faudra le miracle de sa « conversion » à Noël 1886 pour la libérer vraiment et lui permettre alors de commen-cer « une course de géant » et de combattre pour entrer au Carmel.

Les souffrances purificatrices ne cesseront pas au car-mel. Elles prendront une autre forme parce que Thérèse a grandi et acquis une stature d'adulte.

La plus profonde, la plus aiguë sera la maladie mentale qui atteindra son père bien-aimé, sur laquelle nous reviendrons.

Thérèse n'a pas repris le vocabulaire de saint Jean de la Croix sur les purifications. Mais elle a vécu la réalité des purifications actives et passives.

Avait-elle besoin d'être purifiée ? Bien sûr, car elle n'était pas l'Immaculée Conception ! Elle-même re-connaissait sa tendance à l'amour-propre [1] qui, comme le souligne le P. Molinié, peut dégénérer en orgueil. La rude pédagogie de Mère Marie de Gonzague avait repéré cette tendance chez la novice qu'elle humiliait souvent dans les débuts de sa vie religieuse. Plus tard, celle-ci la remerciera (Ms C, 1v°).

Le P. Pichon n'avait-il pas dit à sa dirigée, lors de sa confession générale en mai 1888 : « Si Dieu vous aban-donnait, au lieu d'être un petit ange, vous deviendriez un petit démon » (Ms A, 70r°).

Notons aussi, car c'est très important, que « dès le début les souffrances de Thérèse avaient une dimension rédemp-

---

1. Ms A, 8r°, 40r°, 73v°, 74v°, 75r°.

trice. Sa purification fut si douloureuse parce que les souffrances de sa Nuit étaient corédemptrices, selon le motif de son entrée au Carmel (" je viens prier pour les pécheurs "). Elle n'a pas attendu d'être une sainte pour que ses souffrances aient cette intention, cette signification et cette portée [1]. »

Thérèse en sera consciente : « La souffrance seule peut enfanter les âmes » (Ms A, 81rº). Elle le confirmera le jour de sa mort : « Jamais je n'aurais cru qu'il était possible de tant souffrir ! Jamais ! Jamais ! Je ne puis m'expliquer cela que par les désirs ardents que j'ai eus de sauver des âmes » (CJ 30.9).

L'initiation à ces purifications, la jeune Thérèse l'avait connue dès 1887 lorsqu'elle vécut — sans doute pour la première fois — trois jours de détresse. L'oncle Guérin refusait de la laisser entrer au Carmel si jeune.

Écoutons sa nièce :

« Avant de faire luire sur mon âme un rayon d'espérance, le Bon Dieu voulut m'envoyer un martyre bien douloureux qui dura *trois jours* (19-21 octobre). Oh ! jamais je n'ai si bien compris que pendant cette épreuve, la douleur de la Ste Vierge et de St Joseph cherchant le divin Enfant Jésus... J'étais dans un triste désert ou plutôt mon âme était semblable au fragile esquif livré sans pilote à la merci des flots orageux... Je le sais, Jésus était là dormant sur ma nacelle, mais la nuit était si noire qu'il m'était impossible de le voir, rien ne m'éclairait, pas même un éclair ne venait sillonner les sombres nuages... Sans doute c'est une bien triste lueur que celle des éclairs, mais au moins, si l'orage avait éclaté ouvertement, j'aurais pu apercevoir un instant Jésus...

« C'était la *nuit*, la nuit profonde de l'âme... comme Jésus au jardin de l'agonie, je me sentais *seule*, ne trouvant

---

1. Molinié, *Je choisis tout*, pp. 64-65.

de consolation ni sur la terre ni du côté des Cieux, le Bon Dieu paraissait m'avoir délaissée !!!... » (Ms A, 51rᵒ.)

Texte remarquable à plusieurs niveaux. D'abord à celui du vocabulaire qui sera toujours celui de Thérèse dans la suite de sa vie pour caractériser sa prière : sommeil de Jésus, orage, nuit, éclairs... Mais aussi pour le symbole des « trois jours » qu'elle a souligné et qu'elle explicite : les trois jours de recherche de l'Enfant-Jésus au Temple (cf. PN 54,13), les trois jours du Crucifié dans la nuit du Tombeau. Dans les deux cas, il y a identification à Jésus.

Dans son histoire intérieure, ces trois jours sont décisifs : ils annoncent toutes les nuits qui seront son lot quotidien au carmel.

Il faut dire que si ces trois jours lui paraissent si déroutants c'est qu'elle a reçu en 1887, la belle année suivant sa conversion de Noël, des grâces importantes. La lecture du livre d'Arminjon [1], les conversations au Belvédère des Buissonnets avec Céline : « Je ne sais si je me trompe, mais il me semble que l'épanchement de nos âmes ressemblait à celui de Ste Monique avec son fils lorsqu'au port d'Ostie ils restaient perdus dans l'extase à la vue des merveilles du Créateur !... Il me semble que nous recevions des grâces d'un ordre aussi élevé que celles accordées aux grands saints... (...) Qu'il était *transparent* et *léger* le voile qui dérobait Jésus à nos regards !... Le doute n'était pas possible, déjà la Foi et l'Espérance n'étaient plus nécessaires, l'*amour* nous faisait trouver sur la terre Celui que nous cherchions » (Ms A, 48rᵒ).

Ainsi la Foi semble devenue inutile. Redisons que Thérèse a recours à saint Jean de la Croix pour décrire son cheminement et celui de Céline : « En nous se réalisèrent ces

---

1. Cf. l'excellente monographie sur Blaise Arminjon, *Une soif ardente,* DDB-Opéra, 1980, 100 pages.

paroles du Cantique de St Jean de la Croix (...) : " En suivant vos traces, les jeunes filles parcourent légèrement le
chemin, l'attouchement de l'étincelle, le vin épicé leur font
produire des aspirations divinement embaumées "[1]. »

De son côté, Céline s'est souvenue de ces moments
exceptionnels : « Ces conversations au Belvédère m'ont
laissé un souvenir si profond, si net que je me les rappelle
comme si c'était hier. Ce que Thérèse en a écrit dans l'*Histoire d'une Âme*, non seulement ne me paraît pas exagéré
mais semble plutôt au-dessous de la réalité[2]. »

C'est la période où elle « sent dans son cœur des élans
inconnus jusqu'alors », parfois elle a « de véritables transports d'amour ». Elle est prête à aller « en enfer » pour que
«Jésus soit *aimé* éternellement dans ce lieu de blas-
phème... (…) Quand on aime on éprouve le besoin de
dire mille folies » (Ms A, 52r°). Plus tard, malade, elle
se souviendra : « Dès l'âge de quatorze ans, j'avais
bien aussi des assauts d'amour ; ah ! que j'aimais le
bon Dieu ! » (CJ 7.7.2).

Au carmel, le P. Pichon croit sa « piété tout enfantine »
(CJ 4.7.4). Très rapidement, elle est plongée dans la sécheresse, nous l'avons constaté.

Mais il ne faut pas négliger quelques grâces peu ordi-
naires. Pourquoi n'en parle-t-elle pas dans son premier
manuscrit ? On a de bonnes raisons de penser que c'est
parce qu'il est adressé à Mère Agnès de Jésus. Or Thérèse
sait que sa petite mère n'apprécie guère ces réalités et
qu'elle s'en méfie. Il est caractéristique qu'un certain
nombre de grâces exceptionnelles ne se trouvent que dans
les *Derniers Entretiens*. Non seulement Mère Agnès n'a pu
les inventer mais, les ayant connues, elle n'a pas voulu y

1. MS A, 47v°/48r°, citant CSB, strophe 25. Cf. LT 137.
2. *Conseils et Souvenirs*, 1ᵉ éd., 1952, p. 203.

prêter attention. Ce n'est que lorsque sa sœur sera bien malade et condamnée qu'elle insistera pour qu'elle les lui raconte encore.

Ainsi des grâces reçues pendant son noviciat :

« Elle me parla de ses oraisons d'autrefois, le soir pendant le silence d'été, et me dit avoir compris alors par expérience ce que c'est qu'un " vol d'esprit [1] ".

« Elle me parla d'une autre grâce de ce genre reçue dans la grotte de Ste Madeleine, au mois de juillet 1889, grâce qui fut suivie de plusieurs jours de " quiétude [2] " : " ... Il y avait comme un voile jeté pour moi sur toutes les choses de la terre... J'étais entièrement cachée sous le voile de la Sainte Vierge. En ce temps-là, on m'avait chargée du réfectoire et je me rappelle que je faisais les choses comme ne les faisant pas, c'était comme si on m'avait prêté un corps. Je suis restée ainsi pendant une semaine entière " » (CJ 11.7.2).

Thérèse a dû écrire le fait au P. Pichon puisque celui-ci répondra le 4 octobre 1889 : « J'attends avec impatience la prochaine lettre qui m'expliquera, j'espère, la grâce mystérieuse dont le dernier feuillet fait mention [3]. »

Cependant ces grâces restent exceptionnelles.

Bientôt une grande purification va atteindre sœur Thérèse : la maladie de son père chéri, qui aboutira à son internement le 12 février 1889 et qui durera trois ans.

Car il ne s'agit pas de n'importe quelle maladie. Le dérangement mental aboutissait pour le malade et sa famille à de grandes humiliations. Le Bon Sauveur, pour la rumeur publique, c'était « l'asile de fous ». Les langues, à

---

1. Cf. Thérèse d'Avila, Le *Château intérieur,* 6ᵉ *Demeures*, ch. 5.
2. Cf. Id., Le *chemin de la perfection,* ch. 32.
3. DE, p. 466 ; 11.7.2, note e. Ce qui montre bien que Thérèse écrivant une lettre par mois à son Directeur lui parlait de sa vie spirituelle. On sait que le P. Pichon a détruit toutes les lettres de sa correspondante.

Lisieux, allaient bon train. Comment ce pauvre M. Martin n'aurait-il pas perdu la tête, alors que toutes ses filles deviennent religieuses ! Il a été « achevé » par le départ de la plus jeune, la plus aimée, sa « petite Reine ».

Pour Thérèse, son père était un « saint », image de la bonté paternelle, image de la bonté du Père céleste. Maintenant, il est humilié, tantôt en crise, tantôt lucide, au milieu de centaines de malades mentaux. Maintenant, sa plus jeune fille découvre un autre aspect de Dieu.

Les textes du Carême 1890 lui révéleront les passages d'Isaïe sur le Serviteur souffrant, humilié, allant à l'abattoir comme une brebis.

La plus grande épreuve de sa vie touche la novice au plus profond d'elle-même, au centre de son cœur. Épreuve de la Foi et de l'Espérance qui va la mûrir étonnamment, au point que, plus tard, elle y verra une grâce de choix.

En juin 1888, au moment des premières épreuves de son père, elle avait dit : « Je souffre beaucoup, mais je sens que je puis encore supporter de plus grandes épreuves. » Cependant, « je ne savais pas que le 12 février (1889), un mois après ma prise d'habit, notre Père chéri boirait à la *plus amère*, à la *plus humiliante* de toutes les coupes...

« Ah ! ce jour-là je n'ai pas dit pouvoir souffrir encore davantage !!!... Les paroles ne peuvent exprimer nos angoisses, aussi je ne vais pas essayer de les décrire. Un jour au Ciel nous aimerons à nous parler de nos *glorieuses* épreuves, déjà ne sommes-nous pas heureuses de les avoir souffertes ?... Oui les trois années du martyre de Papa me paraissent les plus aimables, les plus fructueuses de toute notre vie, je ne les donnerais pas pour toutes les extases et les révélations des Saints, mon cœur déborde de reconnaissance en pensant à ce *trésor* inestimable qui doit causer une sainte jalousie aux Anges de la Céleste cour... » (Ms A, 73r°.)

Ainsi, lorsque Thérèse évoque cette « grande épreuve » devenue « une grande richesse », elle retrouve la forme de saint Jean de la Croix qui l'avait touchée dans sa jeunesse. Cela est révélateur de l'approfondissement continué en elle au cours de ces années, dans le sens des purifications.

Nous pouvons ici relire le témoignage de sœur Marie de la Trinité cité précédemment (pages 40-43), en soulignant que par deux fois, en lien avec la souffrance, on trouve ces mots « purifier » et « purification », réalités nécessaires « pour arriver à la parfaite union d'amour ».

Sœur Thérèse a eu conscience d'autres purifications qui ont jalonné son itinéraire. Ainsi, en janvier 1890, sa profession est retardée. Non point qu'elle ait démérité, mais on préfère surseoir en raison de sa jeunesse et de la maladie de son père. Voici la réaction de Thérèse après un moment de déception: « Un jour pendant l'oraison je compris que mon désir si vif de faire profession était mêlé d'un grand amour-propre. » Nous savons que c'était une tendance de son être. Mais une lumière de connaissance de soi s'est faite en elle. « Puisque je m'étais *donnée* à Jésus pour lui faire plaisir, le consoler, je ne devais pas l'obliger à faire *ma volonté* au lieu de la sienne » (Ms A, 73v°/74r°).

Ainsi l'Esprit-Saint éduque-t-il la jeune carmélite. À chaque acceptation d'une purification elle reçoit un accroissement de grâce.

Ailleurs et en d'autres moments de son itinéraire spirituel nous pouvons trouver trace, à travers des confidences furtives, de purifications diverses.

Par exemple, en octobre 1891, elle redoute beaucoup la retraite communautaire qui va avoir lieu car, écrit-elle comme entre parenthèses, « j'avais alors de grandes épreuves intérieures de toutes sortes (jusqu'à me demander parfois s'il y avait un Ciel) [1] » (Ms A, 80v°).

Mais un autre indice, venant du P. Pichon, peut laisser penser qu'elle n'est pas débarrassée de tout scrupule fin 1892 [2]. La lettre du jésuite est datée du 20 janvier 1893. Avec les longs délais de la poste entre la France et le Canada, les surcharges du Père en matière de correspondance [3], Thérèse a dû écrire dans les derniers mois de 1892. Écoutons le P. Pichon :

« Chère Enfant de mon âme, écoutez bien ce que je vais vous dire au nom et de la part de Notre Seigneur : Non, non, vous n'avez pas fait de péchés mortels. Je le jure. Non, on ne peut pas pécher mortellement sans le savoir. Non, après l'absolution on ne doit pas douter de son état de grâce. À votre Mère, Ste Thérèse, qui priait un jour pour les âmes, qui se faisaient illusion, Notre Seigneur répondit : "Ma fille, on ne se perd pas sans le savoir parfaitement." Bannissez donc vos inquiétudes, Dieu le veut et je l'ordonne. Croyez-moi sur parole : Jamais, jamais, jamais vous n'avez fait un seul péché mortel. Allez vite vous prosterner devant le Tabernacle pour remercier Notre Seigneur. Endormez-vous tranquille et sereine entre les bras de Jésus. Il ne vous a jamais trahie. Il ne vous trahira jamais [4]. »

Ce document est étonnant. Car il répète presque mot pour mot ce que le jésuite avait dit à Thérèse de vive voix

---

1. Ce sera justement sur le ciel que portera sa grande épreuve finale (Ms C, 5v°).

2. Déjà en octobre 1889, cf. « Je vous défends au nom de Dieu de mettre en question votre état de grâce. Le démon en rit à gorge déployée. Je proteste contre cette vilaine défiance. Croyez obstinément que Jésus vous aime » (LC 117 ; CG I, p. 502).

3. Répondant à sœur Marie du Sacré-Cœur, qui lui a écrit quatorze lettres, le P. Pichon lui écrit que sept cents lettres sont en attente sur son bureau !

4. LC 151 ; CG II, p. 677.

en mai 1888, lors de sa confession générale (Ms A, 70r°).
On s'étonne que cinq ans après « elle en soit encore là »,
doutant de son état de grâce. Il faut que son Directeur
manifeste toute son autorité pour la rassurer une fois
encore.

Par ailleurs, les archives du carmel conservent un petit
billet autographe de Thérèse rapportant la réponse de
l'abbé Baillon, nommé confesseur extraordinaire du
monastère au début de 1892. On y lit : « Si vous n'agissez
pas contre votre conscience quand même il y aurait péché,
vous ne pécheriez pas. » Une note indique que l'écriture
penchée et l'encre noire pourraient dater de 1893. En tout
cas, sûrement pas avant 1892 [1].

Ainsi nous constatons qu'à vingt ans Thérèse souffre
encore de scrupules qui la purifient. Certains commentateurs situent sœur Thérèse dans la nuit de l'esprit, celle des
sens étant traversée avant même son entrée au Carmel.
Bien sûr, c'est avec prudence qu'il faut rapporter ces esti-
mations, mais elles permettent un survol de son itinéraire.

D'après la thèse du P. Conrad De Meester, c'est vers la
fin de 1894 que va se cristalliser chez Thérèse la découverte de la voie d'enfance spirituelle [2]. Le Père carme a
montré avec rigueur que les textes scripturaires de l'Ancien Testament qui ont provoqué cette découverte se trou-
vaient dans un des carnets apportés par Céline Martin lors
de son entrée au carmel le 14 septembre 1894. (Nous avons
déjà dit que l'un de ces carnets comporte une section de
textes de saint Jean de la Croix qui vont être très importants pour Thérèse.)

La découverte de la petite voie de l'enfance spirituelle va
aboutir, le 9 juin 1895, en la fête de la Sainte Trinité, à l'of-

---

1. Œ/T, p. 1234 ; cf. CG II, p. 678, note cc.
2. *Dynamique de la confiance*, Cerf, 1995.

frande de Thérèse comme victime d'holocauste à l'Amour Miséricordieux, « cœur de la petite voie et sa déduction logique [1] ». Pour le P. Marie-Eugène de l'Enfant-Jésus, cet acte est un « sommet ». D'autres commentateurs, dont le P. Molinié, disent que cette offrande équivaut à l'union transformante selon Jean de la Croix, au mariage spirituel des septièmes *Demeures* de Thérèse d'Avila.

N'oublions surtout pas la grâce survenue quelques jours plus tard, sans doute le vendredi 14 juin, lorsque sœur Thérèse faisait seule le chemin de Croix, selon son habitude. (Nous y reviendrons longuement dans notre chapitre V.)

Ce qui nous importe ici, c'est de noter la fin de sa confidence : « Pour moi, je ne l'ai éprouvé qu'une fois (ce coup de feu au cœur) et qu'un seul instant, puis je suis retombée aussitôt dans ma sécheresse habituelle [2]. »

Une seconde réponse du ciel — très paradoxale — à son Offrande sera cette nuit de la Foi et de l'Espérance dont Thérèse fera la confidence à Mère Marie de Gonzague dans son dernier manuscrit le 9 juin 1897.

Ce n'est pas un hasard si le *seul* texte daté de ses manuscrits est celui-ci, écrit deux ans jour pour jour après son offrande. En cet anniversaire, elle raconte à sa prieure que lorsqu'elle a eu deux hémoptysies dans sa cellule, les Jeudi et Vendredi Saints 1896, elle n'a eu aucune frayeur mais plutôt de la joie : « C'était comme un doux et lointain murmure qui m'annonçait l'arrivée de l'Époux... » (Ms C, 4vº.)

Elle va alors décrire l'état de son âme avant l'épreuve : « Je jouissais alors d'une *foi* si vive, si claire, que la pensée du Ciel faisait tout mon bonheur, je ne pouvais pas croire qu'il y eût des impies n'ayant pas foi. Je croyais

---

1. C. De Meester, *Les Mains vides,* Cerf, 1972, p. 99.
2. CJ 7.7.2.

qu'ils parlaient contre leur pensée en niant l'existence du Ciel, du beau Ciel où Dieu Lui-Même voudrait être leur éternelle récompense » (Ms C, 5r°/5v°).

Car la jeune Thérèse a reçu la foi de son entourage : famille, école... « La certitude d'aller un jour loin du pays triste et ténébreux m'avait été donnée dès mon enfance ; non seulement je croyais d'après ce que j'entendais dire aux personnes plus savantes que moi » (il s'agit de la foi reçue *ex auditu*), « mais encore je sentais au fond de mon cœur des aspirations vers une région plus belle » (C'est le germe de la foi qui est au fond de son être). (Ms C, 6v°.)

Alors, « aux jours si joyeux du temps pascal » c'est la brutale entrée dans la nuit qui va durer jusqu'au 30 septembre 1897, malgré quelques très brèves accalmies.

Inutile de reprendre ici en détail le récit de cette épreuve [1]. Soulignons les mots importants : l'âme est dans les « brouillards », les « ténèbres », dans un « tunnel », il s'agit d'un « mur » qui cache le firmament étoilé.

La voix des pécheurs se moque d'elle et lui murmure : « Avance, avance, réjouis-toi de la mort qui te donnera non ce que tu espères, mais une nuit plus profonde encore, la nuit du néant » (Ms C, 6v°).

La malade qui va mourir de tuberculose a eu conscience que cette épreuve pouvait être une ultime purification des dernières traces de sa personnalité propre : « Maintenant, cette épreuve enlève tout ce qui aurait pu se trouver de satisfaction naturelle dans le désir que j'avais du Ciel... » (MS C, 7v°.)

Oui, ultimes purifications... Nous ne pouvons récuser le témoignage de Thérèse elle-même. Mais cette épreuve est essentiellement corédemptrice. Thérèse en a eu une

---

1. Cf. E. Renault, *L'Épreuve de la foi*, Cerf, 1974 et 1992 et J.-F. Six, *Thérèse de Lisieux et les incroyants*, Institut catholique de Paris, mai 1973, pp. 151-165.

conscience aiguë et c'est volontairement qu'elle s'est assise — avec Jésus (Mt 9, 10-11) — à la table des pécheurs. Elle a, en esprit, franchi la clôture et ressent le désarroi des « incrédules ». Elle veut rester seule avec eux, pour prier en leur nom : « Ayez pitié de nous, Seigneur, car nous sommes de pauvres pécheurs (Lc 18,13) ! Oh ! Seigneur, renvoyez-nous justifiés... Que tous ceux qui ne sont point éclairés du lumineux flambeau de la Foi le voient luire enfin... ô Jésus s'il faut que la table souillée par eux soit purifiée par une âme qui vous aime, je veux bien y manger seule le pain de l'épreuve jusqu'à ce qu'il vous plaise de m'introduire dans votre lumineux royaume. La seule grâce que je vous demande c'est de ne jamais vous offenser !... » (Ms C, 6r°.)

Thérèse vit son Gethsémani. Dans la nuit avec le Christ, Lui qui s'est attablé avec les publicains et les prostituées — au grand scandale des scribes et des pharisiens — elle accepte cette nuit pour que les « impies » aient la lumière. Com-passion de Thérèse [1].

Toutes proportions gardées, Thérèse est proche de la Vierge Marie debout au pied de la croix de son Fils : com-passion de Marie, modèle, figure, paradigme de l'Église.

En mai 1897, Thérèse dans son grand cantique testamentaire sur Marie a mentionné l'épreuve de la foi de la Vierge :

Mère, ton doux Enfant veut que tu sois l'exemple
De l'âme qui Le cherche en la nuit de la foi.

---

1. Cette identification volontaire au Christ s'affirme dans les derniers mois de la maladie. Cf. notre *Passion de Thérèse de Lisieux,* Cerf-DDB, 1972, pp. 203 ss.

Puisque le Roi des Cieux a voulu que sa Mère
Soit plongée dans la nuit, dans l'angoisse du coeur ;
Marie, c'est donc un bien de souffrir sur la terre ?
Oui, souffrir en aimant, c'est le plus pur bonheur !...
Tout ce qu'Il m'a donné Jésus peut le reprendre
Dis-lui de ne jamais se gêner avec moi...
Il peut bien se cacher, je consens à l'attendre
Jusqu'au jour sans couchant où s'éteindra ma foi...

(PN 54,15,7-8 ; 16.)

Thérèse écrit ce poème, malade et dans la nuit de la foi. Notons qu'il s'agit de souffrir *en aimant*. Elle affirme nettement — contre les sermons souvent entendus — que la Vierge a connu l'épreuve de la foi [1].

Jean-Paul II va encore plus loin dans son encyclique *La Mère du Rédempteur* (1987) : « Au pied de la Croix, Marie participe par la foi au mystère bouleversant de ce dépouillement (le Pape vient de citer Ph 2,5-8). C'est là sans doute la " kénose " de la foi la plus profonde dans l'histoire de l'humanité » (nᵒ 36).

Il n'est sans doute pas de phrase plus hardie dans toutes les études de mariologie [2].

Bien entendu, l'épreuve de la foi de Marie de Nazareth n'était en rien purificatrice : elle n'était que participation à la rédemption opérée par son Fils.

* * *

L'épreuve de Thérèse a atteint des sommets de souffrance. On lui dit : « Quelle terrible maladie et combien vous avez souffert ! — Oui !!! quelle grâce d'avoir la foi !

---

1. DE II, Synopse, pp. 310-315.
2. Dans son livre *Marie, clé du mystère chrétien*, Fayard, 1994, René Laurentin souligne plusieurs fois que la mariologie de Thérèse de Lisieux annonce celle du Concile Vatican II, pp. 112, 131.

Si je n'avais pas eu la foi, je me serais donné la mort sans hésiter un seul instant... » (CJ 22.9.6.)

Le P. Marie-Eugène a dit : « Saint Jean de la Croix dit que même dans l'union transformante, alors que l'âme jouit de la paix, elle connaît la souffrance, souffrance qui n'est plus purificatrice, mais souffrance de rayonnement, d'apostolat [1]. »

Thérèse mène le combat de la foi : « Je crois avoir fait plus d'actes de foi depuis un an que pendant toute ma vie » (Ms C, 7r°).

Elle pratique l'« acte anagogique » décrit par saint Jean de la Croix [2] pour échapper au démon. « À chaque nouvelle occasion de combat, lorsque mes ennemis viennent me provoquer, je me conduis en brave, sachant que c'est une lâcheté de se battre en duel, je tourne le dos à mes adversaires sans daigner les regarder en face, mais je cours vers mon Jésus, je Lui dis être prête à verser jusqu'à la dernière goutte de mon sang pour confesser qu'il y a un ciel » (Ms C, 7r°).

« Dès que vous faites un acte de foi, ce que saint Jean de la Croix appelle un "acte anagogique", vous échappez au démon ; il ne comprend plus rien [3]. » Cet acte anagogique, Thérèse l'exprime encore dans son cantique *l'Abandon est le fruit délicieux de l'Amour* [4] :

> Non, rien ne m'inquiète
> Rien ne peut me troubler
> Plus haut que l'alouette
> Mon âme sait voler.

1. *Retraite*, 1935, p. 4.
2. Œ/J, pp. 235 et 285.
3. P. Marie-Eugène de l'Enfant-Jésus, *Jean de la Croix, présence de lumière*, p. 181. Cf. NO, 2,21 ; Œ/J, p. 1044.
4. PN 52,16. La note 4 des OC/T, p. 1396, indique que cette strophe « évoque irrésistiblement l'acte anagogique enseigné par Jean de la Croix : pour l'âme qu'assaille la tentation, le meilleur est de s'envoler en Dieu, d'un bond... »

Ces actes de foi prennent des formes diverses. Prière écrite en hâte sur un bout de papier : « Mon Dieu, avec le secours de votre grâce je suis prête à verser tout mon sang pour affirmer ma foi » (Pri 19) ; une autre lecture dit : « pour chacun des articles du Symbole [1] ».

Le P. Godefroy Madelaine, confident de son épreuve, lui avait conseillé d'écrire le *Credo* et de le porter sur son cœur. Elle l'écrira avec son sang.

Elle grave sur la porte, à l'intérieur de sa cellule : « Jésus est mon unique amour », formule qui est habituelle dans ses poésies [2].

Elle compose de « petites poésies » et son entourage la croit remplie de consolations. Mais elle « chante ce qu'elle VEUT CROIRE » sans en ressentir « aucune joie » (Ms C, 7vº).

Oui, elle est vraiment une fille de celui pour qui la foi est habituellement « nuit », obscure et certaine. Elle veut obstinément rester dans la foi, elle ne désire pas « voir ». La vision est réservée à l'au-delà de cette vie. Sur ce point, malgré les invitations répétées de ses sœurs, elle reste intraitable.

Déjà le 21 octobre 1895, elle avait écrit :

> Rappelle-toi qu'au jour de ta victoire
> Tu nous disais : « Celui qui n'a pas vu
> « Le Fils de Dieu tout rayonnant de gloire
> « Il est heureux, si quand même il a cru ! »
> Dans l'ombre de la Foi, je t'aime et je t'adore
> O Jésus ! pour te voir, j'attends en paix l'aurore
>   Que mon désir n'est pas
>   De te voir ici-bas
>   Rappelle-toi...
>
>   (PN 24,27 cf. str. 28.)

1. Fac similé dans *Thérèse et Lisieux,* p. 261.
2. Cf. PN 15,4,2 ; PN 45,3,6. Souvent aussi « mon seul Amour » : PN 18,35,1 ; PN 24,31,3 ; PN 34,1,1 ; PN 36, refrain ; 2,3. Voir l'inscription dans sa cellule dans *Thérèse et Lisieux,* p. 261.

La foi lui permet de contempler le mystère de l'Eucharistie :

> Petite Clef, oh je t'envie !
> Car tu peux ouvrir chaque jour
> La prison de l'Eucharistie
> Où réside le Dieu d'Amour,
> Mais je puis, ô quel doux miracle !
> Par un seul effort de ma foi
> Ouvrir aussi le tabernacle
> M'y cacher près du Divin Roi...
>
> (PN 25,1.)

Cette distinction de la foi ici-bas et de la vision à venir au-delà de la mort[1], elle l'a toujours soulignée et l'affirmait avec plus de force à mesure qu'elle s'approchait de sa fin : « J'ai plus désiré ne pas voir le bon Dieu et les Saints et rester dans la nuit de la foi que d'autres désirent voir et comprendre » (CJ 11.8.5).

« Je ne désire pas voir le bon Dieu sur la terre. Et pourtant, je l'aime ! J'aime aussi beaucoup la Sainte Vierge et les Saints et je ne désire pas les voir non plus » (CJ 11.9.7). L'édition des *Novissima Verba* ajoute : « Je préfère vivre de foi[2]. »

En juin 1897 elle disait à ses sœurs : « Ne vous étonnez pas si je ne vous apparais pas après ma mort, et si vous ne voyez aucune chose extraordinaire comme signe de mon bonheur. Vous vous rappellerez que c'est " ma petite voie " de ne rien désirer voir. Vous savez bien ce que j'ai dit tant de fois au bon Dieu, aux Anges et aux Saints :

> Que mon désir n'est pas
> De les voir ici-bas (CJ 4.6.1, citant PN 24,27).

1. Cf. l'oraison de la fête de l'Épiphanie : « Daigne nous accorder, à nous qui te connaissons déjà par la foi, d'être conduits jusqu'à la claire vision de ta splendeur. »
2. DE II, p. 177 : NV 11.9.5.

Plus tard, en août, sœur Marie du Sacré-Cœur lui dit que les anges viendraient à sa mort pour accompagner Notre-Seigneur, qu'elle les verrait resplendissants de lumière et de beauté. La malade répond : « Toutes ces images ne me font aucun bien, je ne puis me nourrir que de la vérité. C'est pour cela que je n'ai jamais désiré de visions. On ne peut pas voir sur la terre le Ciel, les anges tels qu'ils sont. J'aime mieux attendre après ma mort » (CJ 5.8.4).

« Oh ! non, je ne désire pas voir le bon Dieu sur la terre. Et pourtant, je l'aime ! » (CJ 11.9.7.)

Il est révélateur que les mots de « vision » et d'« extase » ne fassent pas habituellement partie de son vocabulaire [1].

Faisant allusion aux « consolations » reçues par Céline à Lourdes en octobre 1890, la jeune carmélite écrit à sœur Agnès de Jésus : « Je n'ai pas envie d'aller à Lourdes pour avoir des extases, je préfère " la monotonie du sacrifice " ! » (LT 106.)

N'était-ce pas, d'ailleurs, la vie quotidienne de la plus grande des saintes :

Je sais qu'à Nazareth, Mère pleine de grâces
Tu vis très pauvrement, ne voulant rien de plus
Point de ravissements, de miracles, d'extases
N'embellissent ta vie, ô Reine des Élus !...
Le nombre des petits est bien grand sur la terre
Ils peuvent sans trembler vers toi lever les yeux
C'est par la *voie commune*, incomparable Mère
Qu'il te plaît de marcher pour les guider aux Cieux.

(PN 54,17.)

---

1. Dans tous les Manuscrits, il ne s'agit que de la vision de son enfance aux Buissonnets d'un homme traversant le jardin (Ms A, 20r°).

Dans la récréation *Le Triomphe de l'humilité*[1], Thérèse, non sans humour, joue son propre rôle de maîtresse des novices. Elle interpelle sœur Marie-Madeleine qui envie « consolations et grâces extraordinaires ». Ses oraisons sont si arides qu'elle ne serait « pas fâchée de voir un peu ce qui se passe dans l'autre monde. — Ne savez-vous pas que Notre Père Saint Jean de la Croix a dit que c'est une faute vénielle de demander les extases et les révélations[2] ? »

Une autre novice intervient : « C'est une faute... Je n'en savais rien... Eh bien ! pourtant je les désire aussi... »

La maîtresse des novices cite alors l' Évangile : « Bienheureux ceux qui n'ont pas vu et qui ont cru » (Jn 20,29)[3].

Un peu plus tard, dans la même pièce, *Le Triomphe de l'humilité*, sœur Thérèse déclare aux novices qui ont bénéficié d'une manifestation diabolique : « Il faut bien vite aller raconter à Notre Mère ce que nous avons entendu... » (scène 5). Une fois encore, elle obéit aux *Maximes* du saint espagnol : « Quand Dieu favorise quelque âme d'une révélation surnaturelle, il l'incline à en faire part à l'un des ministres de la Sainte Église qu'il a mis en sa place[4]. »

Ce refus de demander des consolations est affirmé par Thérèse dans sa lettre du 8 septembre 1896 : « Pensant aux songes mystérieux qui sont parfois accordés à certaines âmes, je me disais que ce devait être une bien douce consolation, cependant je ne la demandais pas » (Ms B, 2r°).

Céline, dans ses souvenirs, confirme parfaitement cette attitude habituelle de sa jeune sœur. À la suite d'un

---

1. RP 7 de juin 1896, 1v°.

2. Thérèse a lu la Maxime 34 de Jean de la Croix : « L'âme qui veut avoir des révélations pèche au moins véniellement » (p. 15). Le saint y revient plusieurs fois : MC 2,21 (p. 270 de l'exemplaire de Thérèse) et 3,30, Œ/J, p. 725 et 863. Cf. MC 2,19 (Œ/J, p. 711) ; CSG, p. 160.

3. Saint Jean de la Croix rappelle ce texte en MC 2,11,12 et 3,31,8 (Œ/J, pp. 673 et 869).

4. N° 187, cf. n° 186, pp. 53-54 de l'exemplaire de Thérèse.

songe réconfortant sur sa vocation et sa réaction, elle s'entend répondre : « Ah ! voilà une chose que je n'aurais jamais faite !... demander des consolations ! Puisque vous voulez me ressembler, vous savez bien que moi, je dis :

> Oh ! ne crains pas, Seigneur, que je t'éveille
> J'attends en paix le Royaume des Cieux.

« Il est si doux de servir le bon Dieu dans la nuit de l'épreuve, nous n'avons que cette vie pour vivre de foi [1] !... »

Cette attitude constante pourrait se résumer en une déclaration étonnante qui sera faite dans les *Derniers Entretiens* : « Au Ciel, je verrai le bon Dieu, c'est vrai ! mais pour être avec lui, j'y suis déjà tout à fait sur la terre » (CJ 15.5.7).

On ne peut mieux dire la puissance de sa vertu de foi. Aux portes de la mort, elle va voir Dieu bientôt, mais elle estime que la vision ne lui apportera rien de plus substantiel qu'elle n'ait déjà dans le régime de la terre ! Elle identifie absolument foi et vision, car dans les deux cas, l'union à Dieu est la même. On ne peut pousser plus loin la force et l'efficacité de la foi !

Tout ceci est conforme à la petite voie : « Pour moi, je n'ai que des lumières pour voir mon petit néant. Cela me fait plus de bien que des lumières sur la foi » (CJ 13.8).

À l'extraordinaire, Thérèse préfère l'ordinaire. De ses manuscrits, dont on lui dit qu'on va peut-être les publier, elle dit : « Il y en aura pour tous les goûts excepté pour les voies extraordinaires » (CJ 9.8.2).

Dans une biographie de saint Jean de la Croix, elle avait été « frappée » par la réflexion d'un contemporain : « Le

---

1. CSG, p. 154.

frère Jean de la Croix ! mais c'est un religieux moins
qu'ordinaire » (CJ 2.8.2)[1].

Elle ne pouvait se douter qu'un jour sœur saint Vincent de
Paul dirait semblablement d'elle : « Je ne sais pas pourquoi
on parle tant de sœur Thérèse de l'Enfant-Jésus, elle ne fait
rien de remarquable, on ne la voit point pratiquer la vertu,
on ne peut même pas dire que c'est une bonne religieuse[2].»

Thérèse avait souhaité « être méprisée », elle était exaucée. Elle avait écrit : « Quel bonheur d'être *inconnue*
même aux personnes qui vivent avec vous... » (LT 106.)
De même, nous verrons (chapitre V) qu'elle ne voulait
qu'une mort très ordinaire.

**

Au terme de ce chapitre sur la vertu théologale de foi,
laissons la parole au Père Marie-Eugène de l'Enfant-
Jésus : « Sainte Thérèse de l'Enfant-Jésus, c'est la sainteté
de notre époque, une sainteté qui apparaîtra beaucoup plus,
peut-on dire, par le négatif, par l'appauvrissement que par
le positif, par une absence d'expérience plutôt que par l'expérience elle-même. C'est du saint Jean de la Croix tout
pur, cela : rien, rien, rien, rien, rien. Mais la plénitude de
Dieu apparaît beaucoup moins, elle est beaucoup moins
sentie que la pauvreté[3]. »

« La contemplation, ce ne sont pas les grâces extraordinaires, ni les extases, ni les expériences de Dieu, c'est le
regard lui-même[2]. » Regard de foi, celui de Thérèse tout au
long de sa vie.

---

1. Cf. « Ce qui me fait du bien quand je pense à la Sainte Famille, c'est de
m'imaginer une vie tout ordinaire » (CJ 20.8.14).
2. PA, p. 339.
3. *Retraite,* 1961, p. 108.
4. *Au souffle de l'Esprit,* p. 167.

« Dans la petite voie de sainte Thérèse de Lisieux, a écrit Jacques Maritain, l'âme est bien dépouillée, et son oraison elle-même est bien dépouillée — si aride parfois qu'elle semble fuir dans les distractions et dans le vide. C'est une voie qui demande un grand courage. L'abandon à Celui qu'on aime se charge de tout, il fera passer par toutes les étapes par où Jésus voudra qu'on passe — à Lui de le savoir — et conduira là où Jésus voudra, dans la lumière ou dans la nuit [1]. »

***

---

1. *Le Paysan de la Garonne*, DDB, 1966, p. 339.

CHAPITRE IV

LA FOLIE DE L'ESPÉRANCE

« Ma folie à moi, c'est d'espérer… » (Ms B, 5v°.)

Espérance et pauvreté

En ce qui concerne la troisième vertu théologale — la tunique verte selon Jean de la Croix [1] — sœur Thérèse a retenu quelques principes fondamentaux de son Père spirituel. Sur le plan des écrits, l'Espérance se trouve chez elle comme un moyen terme entre l'Amour et la Foi. Les grandes phrases concernant l'Amour, nous l'avons vu, l'ont profondément marquée. Pour la Foi, elle a vécu l'essentiel. Pour l'Espérance, très liée au désir, elle a trouvé quelques phrases qu'elle reprendra souvent et qui la feront aboutir un jour à la découverte de la voie d'enfance, faite de pauvreté et de confiance.

Chez Jean de la Croix elle a lu deux maximes décisives :

« *Plus Dieu veut nous donner, plus il augmente nos désirs, jusqu'à faire le vide dans l'âme pour la remplir ensuite de ses biens* (n° 45). *Dieu agrée tellement l'espérance d'une âme, qui sans cesse est tournée vers lui, sans jamais abaisser ses yeux vers un autre*

1. NO 2,21,3 (ŒJ, p. 1045).

> *objet, qu'on peut bien dire d'elle avec vérité : Elle*
> *obtient autant qu'elle espère »* (n° 46) [1].

Il faut y ajouter une phrase du saint dans une lettre à Mère Éléonore de Saint Gabriel : « Plus il veut donner, plus il fait désirer, jusqu'à faire en nous le vide complet, pour nous remplir de ses biens [2]. »

La première partie de cette phrase se retrouve dans l'*Acte d'Offrande à l'Amour Miséricordieux* : « Je suis donc certaine que vous exaucerez mes désirs : je le sais, ô mon Dieu ! *plus vous voulez donner*, plus vous faites désirer. » L'écriture penchée indique la citation (Pri 6).

Cette certitude sera un des piliers dans son raisonnement concernant la découverte de la petite voie. Pour elle, c'est un postulat de base : « Le Bon Dieu ne saurait inspirer des désirs irréalisables, je puis donc malgré ma petitesse aspirer à la sainteté » (Ms C, 2v°).

Dans le même manuscrit on pourra lire : « Ah ! le Seigneur est si bon pour moi qu'il m'est impossible de le craindre, toujours Il m'a donné ce que j'ai désiré ou plutôt Il m'a fait désirer ce qu'Il voulait me donner » (Ms C, 31r°).

Thérèse parle d'expérience : tout au long de sa courte vie, elle a vécu des exaucements inespérés : à dix ans elle a été guérie par la Vierge du Sourire. À Noël 1886, elle a été définitivement délivrée de son hypersensibilité. Le subit retournement de l'assassin Pranzini a comblé sa prière instante. Elle a voulu entrer au Carmel à quinze ans : le Seigneur ne l'a fait attendre que trois mois supplémentaires. Désirer de la neige pour sa prise d'habit pourrait sembler un caprice d'enfant : pourtant elle sera exaucée

---

1. Cf. Carnet de Céline, VT 78, p. 151.
2. Lettre XI, du 8/7/1589. Exemplaire de Thérèse, tome I, p. 33. Cf. MC 2,7 et NO 2,21 (Œ/J, p. 652 et 1044).

(Ms A, 72r°). Au carmel, un de ses désirs les plus étonnants, et apparemment irréalisable, était l'entrée de sa sœur Céline dans ce couvent où vivaient déjà ses trois sœurs. Sœur Aimée, la plus farouche opposante, changera soudain d'avis (Ms A, 82v°) et le 14 septembre 1894, Céline Martin franchira à son tour la clôture !

Thérèse peut justement s'écrier : « Ah ! combien de sujets n'ai-je pas de remercier Jésus qui sut combler tous mes désirs ! » (Ms A, 82v°) [1].

Même des souhaits qui semblaient hors du possible ont été comblés de manière inattendue. Thérèse avait perdu *deux* petits frères en bas âge. Elle les avait rêvés — comme ses parents — prêtres et missionnaires. Et voilà qu'en 1895 (priorat de Mère Agnès) et 1896 (priorat de Mère Marie de Gonzague), on lui confie *deux* missionnaires, les abbés Bellière et Roulland. Elle en éprouve une joie très forte, semblable aux « joies vives » de son enfance (Ms C, 31v°/ 32r°).

Ainsi, toute sa vie a été rythmée par ces désirs et ces exaucements qui ont manifesté les délicatesses de l'Amour Miséricordieux à son égard. Elle pourra écrire au P. Roulland : « Plus que jamais, je comprends que les plus petits événements de notre vie sont conduits par Dieu, c'est Lui qui nous fait désirer et qui comble nos désirs [2]... »

Le 9 juin 1897, elle avoue : « Je n'ai plus de grands désirs si ce n'est celui d'aimer jusqu'à mourir d'amour... » (Ms C, 7v°. — Nous y reviendrons dans notre chapitre V.)

À l'infirmerie naît en elle l'espérance d'une mission posthume universelle. Devant la mort, elle estime n'avoir pas fait grand chose. Va-t-elle abandonner l'Église combattante ? Voici que se lève en elle un désir fou, celui de « faire du bien après sa mort ». Est-ce un rêve ? un délire

---

1. Cf. « Il n'a pas voulu que j'aie un seul désir qui ne soit rempli » (Ms A, 81r°).
2. LT 201, du 1/11/1896.

de grande malade enfiévrée ? Là encore, la doctrine sanjuaniste va devenir son support. Elle prie, fait une neuvaine à saint François-Xavier, appelée « neuvaine de la
grâce » (4-12 mars 1897), réputée toujours exaucée. Elle y
ajoute une prière à saint Joseph.

Le 13 juillet, elle écrit à l'abbé Bellière et lui promet de
l'aider, du ciel, *jusqu'au dernier jour de sa vie* : « Toutes
ces promesses, mon frère, vous paraissent un peu chimé-
riques, cependant vous devez commencer à savoir que le
bon Dieu m'a toujours traitée en enfant gâtée, il est vrai que
sa croix m'a suivie dès le berceau mais cette croix, Jésus me
l'a fait aimer avec passion. Il m'a toujours fait désirer ce
qu'Il voulait me donner. Commencera-t-Il donc au Ciel à ne
plus combler mes désirs ? Vraiment, je ne puis le croire et
je vous dis : " Bientôt, petit frère, je serai près de vous " [1]. »

Ce même jour, à l'infirmerie, Thérèse dit ces mêmes
paroles à Mère Agnès de Jésus : « Le bon Dieu m'a toujours fait désirer ce qu'il voulait me donner » (CJ 13.7.15).

Quelques jours plus tard, elle continue à réfléchir sur ce
sujet : « Le bon Dieu ne me donnerait pas ce désir de faire
du bien sur la terre après ma mort, s'il ne voulait pas le
réaliser ; il me donnerait plutôt le désir de me reposer
en lui » (CJ 18.7.1).

Elle va mourir dans cette espérance, malgré les tenta-
tions et les attaques passagères du démon : « Je veux faire
du bien après ma mort, mais je ne pourrai pas ! Ce sera
comme pour Mère Geneviève : on s'attendait à lui voir
faire des miracles et le silence complet s'est fait sur son
tombeau [2]... »

Avec le recul de l'histoire, nous savons que Thérèse a été
exaucée au-delà de ses espérances : elle passe son Ciel,

---

1. LT 253, du 13 juillet 1897.
2. DE, p. 525.

depuis presque cent ans, « à faire du bien sur la terre jusqu'à la fin du monde » (CJ 17.7).

Mais quand elle était sur la terre, elle n'éprouvait que sa pauvreté. Pauvreté et espérance sont intimement liées : celui qui a tout n'espère plus rien.

Sœur Thérèse a expérimenté son impuissance à devenir une sainte, ce qui a pourtant été son espérance, fondée sur les exigences de l'Évangile. Elle se voit pauvre, petite, « un grain de sable » à côté des saints qui sont des géants. Elle sait que « se grandir, c'est impossible » (Ms C, 2v°). Combien de fois a-t-elle essayé ! Faut-il donc renoncer à la sainteté ? On pourrait effectivement céder au découragement ou à la résignation. Mais, écrit-elle avec acuité, « le découragement est aussi de l'orgueil, je veux donc, ô mon Dieu, fonder sur *Vous seul* mon espérance [1]. »

Dieu seul : *rien* d'autre. L'espérance va être purifiée et ne pourra s'appuyer sur rien d'humain. D'où le dépouillement, le vide, la pauvreté qui vont aspirer l'Amour Miséricordieux.

Thérèse opère un renoncement total : il ne s'agit pas de « gagner mais de perdre », non de monter mais de « descendre » [2].

Non seulement il faut « rester petit » pour être pris dans « les bras de Jésus », mais encore il faut « le devenir de plus en plus ». Là est le trait de génie. Jean le Baptiste disait : « Il faut qu'Il croisse et que je diminue » (Jn 3,30).

Relisons la *Maxime* 45 de Jean de la Croix, chère à la carmélite : « Plus Dieu veut nous donner, plus il augmente

1. Pri 20.
2. LT 137, du 19/10/1892. Cf. LT 165, du 7/7/1894. Cf. les pages de A. Louf sur la vie spirituelle chrétienne qui n'est pas ascension indéfinie mais descente ; l'échelle du vrai progrès étant celle de l'humilité selon la Règle de saint Benoît : *Au gré de sa grâce,* DDB, 1989, pp. 75-77.

nos désirs, jusqu'à faire le vide dans l'âme pour la remplir de ses biens. »

La voie d'enfance spirituelle implique pauvreté (le dépouillement radical sanjuaniste) et espérance en l'action de Dieu, miséricorde infinie qui ne tolère pas le vide de l'âme ainsi obtenu. « Plus tu seras pauvre, plus Jésus t'aimera, écrit Thérèse à Céline, Il ira loin, bien loin pour te chercher, si parfois tu t'égares un peu » (LT 211).

« Ce qui plaît au Bon Dieu dans ma petite âme (...) *c'est de me voir aimer ma petitesse* et ma *pauvreté, c'est l'espérance aveugle* que *j'ai* en *sa miséricorde...* Voilà mon seul trésor », explique Thérèse à sœur Marie du Sacré-Cœur dans la célèbre lettre du 17 septembre 1896 (LT 197). Elle continue :

« ... pour aimer Jésus, être sa *victime* d'*amour*, plus on est faible, sans désirs, ni vertus, plus on est propre aux opérations de cet Amour consumant et transformant [1]... Le seul *désir* d'être victime suffit, mais il faut consentir à rester pauvre et sans force et voilà le difficile car " Le véritable pauvre d'esprit, où le trouver ? il faut le chercher bien loin " a dit le psalmiste [2]... Il ne dit pas qu'il faut le chercher parmi les grandes âmes, mais " bien loin ", c'est-à-dire dans la *bassesse*, dans le *néant...* Ah ! restons donc *bien loin* de tout ce qui brille, aimons notre petitesse, aimons à ne rien sentir, alors nous serons pauvres d'esprit et Jésus viendra nous chercher, *si loin* que nous soyons il nous transformera en flammes d'amour... (...) C'est la confiance et rien que la confiance qui doit nous conduire à l'Amour... »

Un mois avant sa mort, elle écrira à l'abbé Bellière dans le même sens :

---

1. « Le Feu de l'Amour est plus sanctifiant que celui du purgatoire » (Ms A, 84v°).
2. Il s'agit en fait de l'*Imitation de Jésus-Christ*, 2, 11, 4, citant Pr 31, 10.

« Ah ! mon frère, que la *bonté*, l'*amour miséricordieux* de Jésus sont peu connus !... Il est vrai que pour jouir de ces trésors, il faut s'humilier, reconnaître son néant, et voilà ce que beaucoup d'âmes ne veulent pas faire, mais, mon petit frère, ce n'est pas ainsi que vous agissez, aussi la voie de la confiance simple et amoureuse est bien faite pour vous » (LT 261).

Même message à Céline qui, le 7 juin 1897, s'est impatientée en prenant trois clichés testamentaires de Thérèse malade :

« Parfois nous nous surprenons à désirer ce qui brille. Alors rangeons-nous humblement parmi les imparfaits, estimons-nous de *petites âmes* qu'il faut que le Bon Dieu soutienne à chaque instant ; dès qu'Il nous voit bien convaincues de notre néant il nous tend la main ; si nous voulons encore essayer de faire quelque chose de *grand* même sous prétexte de zèle, le Bon Jésus nous laisse seules. Mais, dès que j'ai dit : "Mon pied a chancelé, votre miséricorde, Seigneur, m'a affermi !" (Ps 93,18). Oui, il suffit de s'humilier, de supporter avec douceur ses imperfections. Voilà la vraie sainteté ! » (LT 243.)

En 1925, écrivant à Mère Agnès, sœur Marie de la Trinité commentera ainsi cette lettre : « Quel saint canonisé a jamais parlé ainsi ? Nous autres, me disait-elle, nous ne sommes pas des saints qui pleurons nos péchés, nous nous réjouissons de ce qu'ils servent à glorifier la miséricorde du bon Dieu [1]. »

Sœur Thérèse n'a écrit aucun traité sur l'enfance spirituelle. Après elle, beaucoup ont dû élaborer des synthèses, d'où quelque diversité dans la présentation de cette voie. Nous avons déjà cité la forte définition du cardinal Daniélou :

1. CG II, p. 1010, n. e.

« L'enfance spirituelle, c'est l'infini du désir dans la totale impuissance [1]. »

Les notions de « confiance audacieuse », d' « audace téméraire », d' « abandon aveugle », « illimité », d'humilité, se mêlent à la pauvreté pour aboutir à cette attitude spécifique de Thérèse, cette voie qui doit tant à la vertu théologale d'Espérance, chère à Jean de la Croix.

Ce qui ne manque pas de sel, si l'on ose dire, c'est que Thérèse ne reconnaissait pas explicitement cette influence. À sœur Marie de la Trinité elle confiait : « C'est Jésus tout seul qui m'a instruite. Aucun livre, aucun théologien ne m'a enseignée et pourtant je sens dans le fond de mon cœur que je suis dans la vérité. Je n'ai reçu d'encouragement de personne et quand l'occasion s'est présentée d'ouvrir mon âme, j'étais si peu comprise que je disais au bon Dieu comme saint Jean de la Croix : " Ne m'envoyez plus désormais de messagers qui ne savent pas me dire ce que je veux " [2]. »

Charles Péguy, né cinq jours après Thérèse, chantre de l'Espérance, n'a pas lu sa contemporaine, mais écrit dans le *Mystère des Saints Innocents* :

Celui-là m'est agréable, dit Dieu
Celui qui est posé dans mon bras comme un nourrisson qui
rit,
Et qui ne s'occupe de rien.
Et qui voit le monde dans les yeux de sa mère...
... celui-là m'est agréable, dit Dieu.
Celui qui s'abandonne, je l'aime.

---

1. À l'infirmerie du carmel de Lisieux, le 21 août 1969 : AL n°10, octobre 1969, p. 13.
2. P. Descouvemont, *Une novice de sainte Thérèse*, p. 106. Cf. PA, p. 480 et VT 74, pp. 153-154 avec de légères variantes. Le texte de saint Jean de la Croix : CS, strophe 6,3-5 ; Œ/J, pp. 381 et 1246.

Celui qui ne s'abandonne pas, je ne l'aime pas,
c'est pourtant simple.
(...)
Je connais bien l'homme c'est moi qui l'ai fait.
Il a beaucoup de foi et beaucoup de charité
Mais ce qu'on ne peut pas lui demander,
c'est un peu d'espérance
Un peu de confiance, quoi, un peu de détente,
un peu de remise, un peu d'abandonnement
dans mes mains.
Un peu de désistement [1].

Cette enfance a la même tonalité que celle de Thérèse. Après quelques années de vie carmélitaine, elle écrit en 1895 : « Je sens toujours la même confiance audacieuse de devenir une grande Sainte, car je ne compte pas sur mes mérites n'en ayant *aucun*, mais j'espère en Celui qui est la Vertu, la Sainteté même. C'est lui seul qui se contentant de mes faibles efforts m'élèvera jusqu'à lui et, me couvrant de ses mérites infinis, me fera *Sainte* » (Ms A, 32r°).

La jeune carmélite a toujours opposé « grandes » et « petites » âmes : « Il suffit de reconnaître son néant et de s'abandonner comme un enfant dans les bras du Bon Dieu. Laissant aux grandes âmes, aux grands esprits, les beaux livres que je ne puis comprendre, encore moins mettre en pratique, je me réjouis d'être petite, puisque les enfants seuls et ceux qui leur ressemblent seront admis au banquet céleste. Je suis bien heureuse qu'il y ait plusieurs demeures dans le Royaume de Dieu, car s'il n'y avait que celle dont la description et le chemin me semblent incompréhensibles, je ne pourrais y entrer » (LT 226).

---

1. Bibliothèque de la Pléiade, pp. 22-24.

À sœur Marie de la Trinité, qui se désole de ne plus pouvoir visiter sa maîtresse des novices, malade, celle-ci conseille : « Le bon Dieu vous appelle à être une grande sainte tout en restant *petite* et le devenant chaque jour davantage » (LT 242).

Cette petitesse, cette faiblesse radicale, le Seigneur l'utilise pour montrer sa force : « Il se servira de (ma) faiblesse même pour faire son œuvre, car Le Dieu Fort aime à montrer sa puissance en se servant du rien » (LT 220)[1]. On retrouve un mot-clé de saint Jean de la Croix : « Il se sert des instruments les plus faibles pour opérer des merveilles » (LT 201).

Une autre manière pour Thérèse de parler de sa petitesse, c'est d'évoquer son « petit néant ». Par exemple : « C'est le bon Dieu tout seul qu'il faut faire valoir, car il n'y a rien à faire valoir dans mon petit néant » (CJ 8.8.1)[2]. Bien entendu, ce mot n'a pas ici un sens philosophique, mais il désigne le « non-être » de la créature face à son Créateur, qui seul EST.

* * *

Ce qui caractérise donc sœur Thérèse de l'Enfant-Jésus, c'est sa vertu d'Espérance portée au rouge, qui rejoint une Foi à toute épreuve dans un Amour brûlant, habituellement non senti.

« Vous aimez St Augustin, Ste Madeleine, ces âmes auxquelles " Beaucoup de péchés ont été remis parce qu'elles ont beaucoup aimé ". Moi aussi je les aime, j'aime leur repentir, et surtout... leur amoureuse audace[3] ! »

---

1. Cf. ce que dit saint Paul sur la force de Dieu dans la faiblesse de l'homme, 2 Co 12,1-10.
2. Cf. Ms C, 2r° ; CJ 6.8.8.
3. LT 247, du juin 1897, à l'abbé Bellière.

Dans la parabole du petit oiseau face aux aigles ses frères, elle souligne sa folie : « Ma *folie* à moi, c'est d'espérer que ton Amour m'accepte comme victime... Ma *folie* consiste à supplier les Aigles mes frères » (les grands saints) « de m'obtenir la faveur de voler vers le Soleil de l'Amour avec les propres ailes de l'Aigle Divin (Jésus) » (Ms B, 5v°).

« C'est peut-être de la témérité ? » s'interroge Thérèse. « Mais non, depuis longtemps vous m'avez permis d'être audacieuse avec vous, comme le père de l'enfant prodigue parlant à son fils aîné, vous m'avez dit : " Tout ce qui est à moi est à toi " » (Ms C, 34v°).

La vie cachée avec le Dieu caché

Cette réalité de la vie cachée de sœur Thérèse, à la ressemblance de la vie cachée du Christ, peut se rattacher à la vertu d'Espérance, mais se trouve évidemment liée à la Foi. Car nous cheminons dans la Foi et un jour ce qui est caché sera révélé (Col 3,3). Nous sommes « in via », en route vers la vision face à face. Alors disparaîtront la Foi et l'Espérance : il ne restera plus que l'Amour.

On peut imaginer la joie de sœur Thérèse lisant le premier vers du *Cantique spirituel* :

Où t'es-tu caché, Bien-Aimé ?

et surtout son commentaire. On y trouve la citation d'Isaïe 45,15 : « Vraiment tu es un Dieu caché. » Ce verset, elle l'a bien souvent cité [1].

---

1. Cf. RP 2, 4v°/5r° ; RP 6, 1r° ; PN 19,1 ; PN 40,9 ; Pri 7.

Dieu se cache à l'intérieur de l'âme : c'est l'inhabitation dans le cœur du baptisé. Réalité familière à Thérèse : « J'ai remarqué bien des fois que Jésus ne veut pas me donner de *provisions*, il me nourrit à chaque instant d'une nourriture toute nouvelle, je la trouve en moi sans savoir comment elle y est... Je crois tout simplement que c'est Jésus Lui-même caché au fond de mon pauvre petit cœur qui me fait la grâce d'agir en moi et me fait penser tout ce qu'il veut que je fasse au moment présent » (Ms A, 76r°).

Pour sœur Thérèse, la vie cachée de Jésus ne se limite pas à la vie de Nazareth, avant le temps de sa prédication. Pour elle, c'est l'ensemble de la vie de Jésus, de la naissance à la mort qui est cachée. Elle a écrit : « Le propre de l'amour étant de s'abaisser... » (Ms A, 2v° ; cf. Ms B, 3v°), évoquant la « kénose » de Ph 2,7. Elle a lu dans le *Cantique spirituel* : « Si (Dieu) ne s'abaissait pas jusqu'à nous, il ne se laisserait pas prendre au vol du cheveu de notre amour, d'un amour aussi pauvre et autant au-dessous de lui que le nôtre » (strophe 31, pp. 21-22). Elle voit trois degrés dans cet abaissement :

Jésus est évidemment caché dans le mystère de son Incarnation :

> O Dieu caché sous les traits d'un Enfant !
> Je te vois rayonnant
> Et déjà triomphant !   (RP 2, 4v°.)

Dans l'Enfant de la crèche, la Foi et l'Espérance reconnaissent le Verbe de Dieu.

De même, le Crucifié du Calvaire est caché aux yeux des hommes : « Il s'est humilié de telle sorte que son visage était caché[1]. »

---

1. LT 137, du 19 octobre 1892, avec allusion à Isaïe 53.

Le troisième degré de l'abaissement est l'Eucharistie où Jésus est caché sous les apparences dérisoires du pain et du vin. Thérèse y est très sensible, surtout dans ses poésies :

Le Dieu caché du tabernacle
Qui se cache aussi dans nos cœurs (PN 40,9,1).
Tu vis pour moi, caché dans une hostie (PN 17,3,3)[1].
Divin Jésus, voilà bien la dernière limite de ton amour...
(RP 2, 5v°.)

Sœur Thérèse est donc un tabernacle vivant. On comprend la requête de son *Acte d'offrande* : « Restez en moi, comme au tabernacle, ne vous éloignez jamais de votre petite hostie... » (Pri 6.)

En continuant de lire le *Cantique spirituel* de saint Jean de la Croix, Thérèse rencontre ce passage :

> « *Celui qui veut trouver une chose cachée très profondément doit pénétrer jusqu'à sa plus mystérieuse retraite ; et, lorsqu'il l'atteint, il est aussi caché qu'elle l'est elle-même. Votre Bien-Aimé est le trésor caché dans le champ de votre âme, ce trésor pour l'acquisition duquel le sage marchand a sacrifié tous ses biens (Mt 13, 44). Il faudra donc pour le trouver, vous oublier entièrement vous-même, vous éloigner de toutes les créatures, et vous cacher dans la retraite intérieure de votre esprit*[2]. »

1. Cf. « Caché sous l'apparence d'une blanche hostie... » (Ms B, 5v°) et « Maintenant c'est dans l'Hostie que je vous vois mettre le comble à vos anéantissements » (Pri 20). Cf. ce qu'écrit Pascal à Mlle de Roannez (octobre 1656) sur cette « manne cachée ». Cf. J. Briend, *Le Dieu caché, Dieu dans l'Écriture*, Cerf, 1990, p. 92.
2. Explication de la strophe 1, p. 115 de l'exemplaire de Thérèse ; cf. ŒJ, p. 1222.

Écrivant à Céline, Thérèse va faire écho à ce passage de Jean de la Croix : « Jésus est un trésor *caché*, un bien inestimable que peu d'âmes savent trouver car il est *caché* et le monde aime ce qui brille. (...) Pour trouver une chose cachée il faut se cacher soi-même, notre vie doit donc être un *mystère*, il nous faut ressembler à Jésus, à Jésus dont le *visage était caché* » (LT 145).

Cette orientation détermine la spiritualité thérésienne de sa vie cloîtrée, visage caché sous le voile noir... « Fais que je te Ressemble, Jésus... » (Pri 11). Car il lui faut plus que l'imitation. La vie cachée de Jésus le Bien-Aimé suscite la vie cachée de la carmélite :

> Tu vis pour moi caché dans une hostie
> Je veux pour toi me cacher, ô Jésus ! (PN 17,3)

car « le Carmel était le *désert* où le Bon Dieu voulait que j'aille aussi me cacher. » (Ms A, 26r°.)

Bien souvent, elle revient sur cette réalité fondamentale de sa vie, sous divers aspects : « Jusqu'alors, je n'avais pas sondé la profondeur des trésors cachés de la Sainte Face (...) les mystères d'amour cachés dans le Visage de notre Époux... (...) La vraie sagesse consiste à "vouloir être ignoré et compté pour rien" (*Imitation* 1,2,3). (...) Ah ! comme celui de Jésus, je voulais que " Mon visage soit vraiment caché, que sur la terre personne ne me reconnaisse" (Is 53,3). J'avais soif de souffrir et d'être oubliée... » (Ms A, 71r°.)

Dès son entrée au Carmel, elle ne veut être qu'« un petit grain de sable » bien obscur, bien caché à tous les yeux, que Jésus seul puisse le voir ; qu'il devienne de plus en plus petit (c'est déjà la formule de la petite voie !), qu'il soit réduit à *rien*[1].

---

1. LT 49, du 12-20 mai 1888.

« Quel bonheur d'être si bien cachée que personne ne pense à vous !... d'être *inconnue* même aux personnes qui vivent avec vous [1]... »

« Lui, le Roi des rois, Il s'est humilié de telle sorte que son visage était caché et que personne ne le reconnaissait... et moi aussi je veux cacher mon visage, je veux que mon bien-aimé seul puisse le voir [2]... »

À sa sœur Céline qui fait profession le 24 février 1896, elle offre un parchemin enluminé avec les *Armoiries de Céline*, qu'elle appelle « chevalier de l'Amour, de la Souffrance et du Mépris ». (On retrouve : « souffrir et être méprisé ».) Jésus parle à Céline : « Ici-bas, mon Visage est caché, mais elle sait me reconnaître (...) en retour, je place aujourd'hui sur sa tête le Heaume de salut et de grâce, afin que son Visage soit caché comme le mien... Je veux qu'elle cache les dons qu'elle a reçus de moi, me laissant les lui donner et reprendre comme il me plaira, ne s'attachant à aucun, oubliant même tout ce qui peut la grandir à ses yeux comme à ceux des créatures. » (LT 183.)

Les lieux où Thérèse se cache se révèlent inattendus :

— tantôt dans la face de Jésus, faisant écho à saint Jean de la Croix : « Vous vous tenez caché, faisant séjour dans l'âme. Et par ce moyen, vous les cachez dans la secrète retraite de votre Face (qui est le Verbe) afin de les garantir du trouble des hommes [3] » ;

— tantôt dans ses bras : « C'est en tes bras que j'accours et me cache » (PN 36,3,2) ;

— ou en son cœur : « Ah ! laisse-moi me cacher en ton Cœur ! » (PN 33,3,4 ; cf. PN 23,7,7) ;

— ou encore dans le tabernacle (PN 25,1) ;

1. LT 106, du 10 mai 1890.
2. LT 137, du 19 octobre 1892. On trouve 18 citations d'Isaïe 53,3 (le visage caché) dans les écrits de sœur Thérèse de la Sainte-Face !
3. VFA, commentaire de la strophe 3, verset 3, p. 749 (ŒJ, pp. 1139 et 1502). Cf. PN 11,3,4 ; PN 12,8,1 ; PN 16,1,1 ; PN 20,5,3 ; Pri 12.

— et sous le manteau de la Vierge (Ms A, 57r° ; LT 103 ;
PN 1,1,5 ; PN 12,9,4).

Les œuvres elles-mêmes accomplies par le disciple se
doivent de rester cachées. Jean de la Croix et Thérèse citent
le même verset de l'Évangile de saint Matthieu : « Pour toi,
quand tu fais l'aumône, que ta main gauche ignore ce que
fait ta main droite... afin que ton aumône soit secrète ; ton
Père, qui voit dans le secret, te le rendra » (Mt 6, 3-4).

Le carme espagnol commente : « Ceux-là, pour éviter ce
dommage, doivent cacher leurs œuvres, afin que Dieu seul
les voie, désirant que personne n'en fasse cas. Et ils ne doivent pas seulement les cacher aux autres, mais encore à
eux-mêmes, c'est-à-dire qu'ils ne s'y complaisent — les
estimant comme si c'était quelque chose — comme il se
donne à entendre spirituellement en ce que Notre Seigneur
dit en l'Évangile : " Que ta gauche... " [1]. »

Sœur Thérèse commente à son tour : « Il est vrai qu'en
lisant certains récits chevaleresques, je ne sentais pas toujours au premier moment le *vrai* de la *vie* ; mais bientôt le
Bon Dieu me faisait sentir que la vraie gloire est celle qui
durera éternellement et que pour y parvenir, il n'était pas
nécessaire de faire des œuvres éclatantes mais de se cacher
et de pratiquer la vertu en sorte que la main gauche ignore
ce que ce que fait la droite » (Ms A, 31v°/32r°).

« Ô mon Dieu ! si par impossible vous-même deviez
ignorer ma souffrance, je serais encore heureuse de la posséder si par elle je pouvais empêcher et réparer une seule
faute commise contre la Foi » (Ms C, 7r°).

Ici le souci est apostolique avant tout.

Dans les *Derniers Entretiens*, même souci de cacher ses
actions : « Si, par impossible, le bon Dieu lui-même ne
voyait pas mes bonnes actions, je n'en serais nullement

---

1. MC 3,28,6 ; cf. Œ/J, p. 859.

affligée. Je l'aime tant, que je voudrais lui faire plaisir sans même qu'il sache que c'est moi. Le sachant et le voyant, il est comme obligé " de m'en rendre ", je ne voudrais pas lui donner cette peine-là... » (CJ 9.5.3.)

La vie cachée élimine toute idée de faire des choses éclatantes. On ne peut s'étonner que Thérèse mette ces paroles dans la bouche de saint Joseph : « Alors ce Dieu de bonté et de miséricorde récompensera magnifiquement, non seulement les actions éclatantes accomplies pour Lui, mais encore les simples désirs de le servir et de l'aimer, car Il voit tout, son œil pénètre le fond des cœurs, les plus secrètes pensées ne Lui sont pas cachées [1]. »

Ces lignes expriment bien la spiritualité de Thérèse à cette époque, surtout fin 1895, début 1896. Du petit oiseau (elle-même), elle écrit : « Les œuvres éclatantes lui sont interdites » (Ms B, 4r°).

À la pauvre sœur Marie de Saint-Joseph, la lingère au caractère si difficile que plus personne ne veut travailler avec elle, Thérèse écrit (elle a été volontaire pour l'aider dans son travail) : « Le martyre le plus *douloureux*, le plus *amoureux* est le nôtre, puisque Jésus seul le voit. Il ne sera jamais révélé aux créatures sur la terre mais lorsque l'Agneau ouvrira le *livre de vie* [2], quel étonnement pour la Cour Céleste d'entendre proclamer avec ceux des missionnaires et des martyrs le nom de pauvres petits enfants qui n'auront jamais fait d'actions éclatantes [3]... »

Toute cette attitude va bien dans le sens de la remarque sanjuaniste : « L'âme s'y défend contre ceux qui ne veulent que des œuvres éclatantes et capables, en les mettant en relief, de plaire à tous les yeux [4]... »

1. RP 6, 9r°.
2. Cf. Ap 20,12.
3. LT 195, 8-17 septembre (?) 1896.
4. CS, annotation de la strophe 29, p. 402 de l'édition de Thérèse.

Enfin, c'est l'action de Dieu en l'être qui est cachée : elle se fait à *son insu*. Thérèse avance… elle ne sait comment : c'est le secret de l'Esprit-Saint. « Sans se montrer, sans faire entendre sa voix Jésus m'instruit dans le secret » (Ms B, 1r°). « Jésus ne se communique aux âmes que *voilé*[2]. » « Je comprends et je sais par expérience " Que le Royaume de Dieu est au-dedans de nous " (Lc 17,21). Jésus n'a pas besoin de livres, ni de docteurs pour instruire les âmes (...) il enseigne sans bruit de paroles... Jamais je ne l'ai entendu parler, mais je sens qu'Il est en moi, à chaque instant, Il me guide et m'inspire ce que je dois dire ou faire » (Ms A, 83v°).

Dieu se révèle aux petits et non aux sages et aux savants. Thérèse cite ce passage de l'Évangile de saint Luc (10, 21) quand elle évoque sa jeunesse.

« Ah ! si des savants ayant passé leur vie dans l'étude étaient venus m'interroger, sans doute auraient-ils été étonnés de voir une enfant de quatorze ans comprendre les secrets de la perfection, secrets que toute leur science ne leur peut découvrir, puisque pour les posséder il faut être pauvre d'esprit !... » Elle ajoute aussitôt : « Comme le dit St Jean de la Croix en son cantique : " Je n'avais ni guide, ni lumière, excepté celle qui brillait dans mon cœur, cette lumière me guidait plus sûrement que celle du midi au lieu où m'attendait Celui qui me connaît parfaitement "[3]. »

Le mot *cacher,* concernant Dieu et Thérèse, apparaît 212 fois dans les écrits de la carmélite ! C'est souligner la mine de citations qui concernent l'Incarnation rédemptrice, l'Eucharistie et l'attitude de Thérèse.

---

1. LT 140 ; cf. *Poésies II,* p. 174 ; NEC, p. 416.
2. Ms A, 49r° citant NO, strophes 3 et 4. Cf. *Carnet scripturaire de Thérèse* en VT 78, avril 1980, p. 152. Thérèse a remplacé le mot « terme » par « lieu », il s'agit du Carmel. Exemple d'adaptation du texte sanjuaniste à sa propre situation.

Mais tout ce qui est caché doit être un jour « décaché [1] », selon la promesse de saint Paul : « Car vous êtes morts et votre vie est désormais cachée avec le Christ en Dieu. Quand le Christ sera manifesté, lui qui est votre vie, alors vous aussi vous serez manifestés avec lui pleins de gloire » (Col 3,3-4).

* * *

Au cœur de la petite voie se trouve l'Espérance. Peut-être est-ce la vertu théologale la plus caractéristique de la jeune carmélite. « Ce qui offense Jésus, ce qui le blesse au cœur c'est le manque de confiance ! » (LT 92.) « Ô Jésus ! (...) laisse-moi te dire que ton amour va jusqu'à la folie... Comment veux-tu devant cette Folie, que mon cœur ne s'élance pas vers toi ? Comment ma confiance aurait-elle des bornes ? » (Ms B, 5v°.)

À la folie de Jésus qui aime les hommes jusqu'à la mort, et à la mort en croix (Ph 2,8), répond la folie de Thérèse qui traverse le seuil de l'Espérance pour rejoindre son Bien-Aimé au-delà de la maladie, au-delà de la nuit de la Foi, au-delà de la mort : « Ma folie à moi c'est d'espérer... » (Ms B, 5v°) [2].

---

1. Mot que Thérèse emploie dans les *Derniers Entretiens,* CJ 10.7.4 et 4.9.4.

2. Cf. notre article « Folles aux yeux du monde », *Carmel,* 1976/4, pp. 313-320, sur la « folie » chez Thérèse, écho de la « folie » de Jésus et de saint Paul. Cf. surtout LT 169 et PN 17,13 : « Vivre d'Amour, quelle étrange folie !... »

CHAPITRE V

MOURIR D'AMOUR
DANS LA VIVE FLAMME

> *« Voici ma prière, je demande à Jésus de m'attirer dans les flammes de son amour. »*
>
> Thérèse (MS C, 36r°.)

Voici Thérèse déjà parvenue à la fin de sa vie : période des *Derniers Entretiens* avec Mère Agnès de Jésus et ses sœurs, qui va d'avril au 30 septembre 1897. Elle abandonne peu à peu tous les exercices de la vie communautaire. Elle se trouve soit dans sa cellule, soit dans le jardin par les belles après-midi d'été. À partir du 8 juillet, elle descend à l'infirmerie (dédiée à la Sainte Face) et ne la quittera plus.

Son état physique va devenir de plus en plus désastreux[1]. Elle ne peut guère lire, elle prie difficilement. Cependant, pour notre propos il est extrêmement important, nous l'avons dit, de constater qu'à son chevet se trouvent le *Cantique spirituel* et *La Vive Flamme d'Amour*, reliés en un seul volume, et les *Maximes et Avis spirituels* de saint Jean de la Croix[2].

Deux grandes réalités sanjuanistes ponctuent cette ultime étape de sa vie : le feu consumant de l'amour et la mort d'amour.

---

1. Cf. notre *Passion de Thérèse de Lisieux,* pp. 71-115.
2. Pour les références cf. DE, pp. 843-844. Et voir Bibliographie en fin de volume.

« *L'Amour consumant et transformant* »

Cette réalité était présente dans sa vie carmélitaine, à partir de 1894 et surtout 1895, mais elle prend une place prépondérante sous l'influence de quelques lectures, même partielles, de *La Vive Flamme d'Amour*. Au terme de la vie de sœur Thérèse, saint Jean de la Croix, « le Saint de l'amour par excellence », tient une place de choix.

Revenons encore à la phrase-clé qu'on retrouve précisément dans les *Derniers Entretiens* en juillet, après l'avoir écrite plusieurs fois : « Avec quel désir et quelle consolation je me suis répété dès le commencement de ma vie religieuse ces (...) paroles de Notre Père St Jean de la Croix : " Il est de la plus haute importance que l'âme s'exerce beaucoup à l'Amour afin que, se consommant rapidement, elle ne s'arrête guère ici-bas mais arrive promptement à voir son Dieu face à face " » (CJ 27.7.5).

Le feu est d'abord et essentiellement le brasier de l'Amour trinitaire (Ms B, 5v°). La créature, « goutte de rosée », aspire à être absorbée « au sein du foyer brûlant de l'amour incréé » (LT 141)[1].

Ce Feu divin, c'est aussi Jésus qui, comme le buisson ardent, « brûle sans consumer » (Ms A, 38v° et VFA, str. 2). Ce feu de l'amour, Jésus est venu l'allumer sur la terre et son plus grand désir est qu'il consume tout (Lc 12,49)[2].

Thérèse compare aussi Dieu au soleil. Le passage le plus caractéristique date de l'été 1896. S'identifiant au petit

---

1. Sur Dieu qui est feu cf. M. Cocagnac, *Les Symboles bibliques, Lexique théologique*, 1993, pp. 30-35 et B. Renaud, « YHWH, ton Dieu est un feu dévorant », *Vie spirituelle* n° 712, 1994, pp. 583-600.
2. Thérèse cite 7 fois ce verset, cf. BT, pp. 217-218.

oiseau qui ne peut voler, elle ose fixer le Soleil divin, le Soleil de l'Amour. Au centre de ce Soleil, il contemple l'Aigle divin (le Christ), Celui qui le prenant sur ses ailes l'introduira dans l'Éternel Foyer de la Trinité Bienheureuse (Ms B, 5v°)[1].

Nous touchons ici à la plus haute vocation de l'homme créé à l'image de Dieu. « Un jour, j'en ai l'espoir, Aigle Adoré, tu viendras chercher ton petit oiseau, et remontant avec lui au Foyer de l'Amour, tu te plongeras pour l'éternité dans le brûlant Abîme de Cet Amour auquel il s'est offert en victime... » (Ms B, 5v°.)

Car dans l'offrande d'elle-même comme « victime d'holocauste à l'Amour Miséricordieux », le dimanche de la Trinité 9 juin 1895, sœur Thérèse s'est offerte au feu de l'Amour[2].

De fait « la Vive Flamme d'Amour » est tombée sur elle. Le vendredi 14 juin 1895[3], au commencement du chemin de Croix que sœur Thérèse fait seule dans le chœur des carmélites, un feu brûle son cœur.

Elle parle aussitôt de ce fait exceptionnel à sa prieure Mère Agnès de Jésus. Mais celle-ci reste méfiante à l'égard de tout fait extraordinaire et ne veut pas y prêter attention[4]. Elle témoignera au Procès de l'ordinaire : « En 1895, lorsque j'étais prieure, elle m'avait parlé d'une grâce qu'elle appelait " blessure d'amour ". En ce temps-là, le bon Dieu avait permis, pour l'éprouver sans doute, que je n'y fisse nulle attention. Je parus même n'en rien croire, et

1. Cf. sainte Catherine de Sienne : « Éternelle Trinité, tu es le feu ! » (*Dialogues sur la Providence,* éd. Latina, p. 167.)
2. Dans le sacrifice d'holocauste, la victime est entièrement brûlée par le feu, cf. R. de Vaux, *Les Institutions de l'Ancien Testament,* Cerf, 1960, tome II, pp. 292-294.
3. Aucune certitude pour cette date, mais de fortes probabilités.
4. D'où l'absence de ce fait dans le Manuscrit A dédié à Mère Agnès de Jésus.

j'avoue qu'il en était ainsi ; mais, en réfléchissant à ce qu'elle m'avait dit, je me demandai comment j'avais pu douter un instant de son affirmation. Cependant, je ne lui en dis pas un mot jusqu'à sa dernière maladie. Je voulus alors (1897) lui faire répéter à l'infirmerie ce qu'elle m'avait dit en 1895 de cette blessure d'amour » (PO, 175).

De fait, on trouve, à la date du 7 juillet 1897, ce dialogue dans les *Derniers Entretiens* :

« *Je lui demandai de me raconter encore ce qui lui était arrivé après son offrande à l'amour. Elle me dit d'abord* : Ma petite mère, je vous l'ai confié le jour même ; mais vous n'y avez pas fait attention. *(En effet, j'avais eu l'air de n'y attacher aucune importance.)* Eh bien, je commençais mon Chemin de Croix, et voilà que tout-à-coup, j'ai été prise d'un si violent amour pour le bon Dieu que je ne puis expliquer cela qu'en disant que c'était comme si on m'avait plongée tout entière dans le feu. Oh ! quel feu et quelle douceur en même temps ! Je *brûlais d'amour* et je sentais qu'une minute, une seconde de plus, je n'aurais pu supporter cette ardeur sans mourir. J'ai compris alors ce que disent les saints de ces états qu'ils ont expérimentés si souvent. Pour moi, je ne l'ai éprouvé qu'une fois et qu'un seul instant, puis que je suis retombée aussitôt dans ma sécheresse habituelle » (CJ 7.7.2)[1].

Sœur Thérèse n'avait-elle pas souhaité que le feu du ciel la consume : « Consumez votre holocauste par le feu de votre Divin Amour ! » (Ms A, 84r°) ; « Feu consumant et transformant » car « l'amour (...) a bien vite consumé *tout* ce qui peut déplaire à Jésus » (Ms A, 83r°).

Elle écrira en septembre 1896 :« Ô Phare lumineux de l'amour, je sais comment arriver jusqu'à toi, j'ai trouvé le secret de m'approprier ta flamme » (Ms B, 3v°).

---

1. Cf. une allusion de Thérèse dans sa poésie : « Ce Feu du Ciel, tu l'as mis en mon âme » (PN 24,17, du 21/10/1895).

Qu'est-ce donc que cette grâce qui est trop souvent passée inaperçue des commentateurs ? Parce que Thérèse a vécu habituellement une vie ordinaire, on affirme trop vite qu'elle n'a pas reçu de grâces exceptionnelles. Elle reconnaît elle-même qu'après cette blessure au cœur elle est retombée dans sa « sécheresse habituelle ». Bien souvent, on ne sait pas comment interpréter cet événement exceptionnel.

Ce n'est pas Mère Agnès de Jésus qui a fait le rapprochement avec « les Saints » qui ont « expérimenté si souvent » ces états. Au contraire, elle préfère les ignorer, comme elle en a témoigné au Procès de l'ordinaire. C'est Thérèse elle-même qui évoque ces saints et d'abord ceux du Carmel, les " parents " : sainte Thérèse d'Avila et saint Jean de la Croix.

Or le texte de Thérèse qui parle de « feu », de douceur et de brûlure, d'impression de mourir d'une manière imminente, évoque la transverbération de la Madre. Il n'y a certes pas d'ange dans le récit de la carmélite française, mais l'espagnole est « tout embrasée d'un grand amour pour Dieu » sous le dard [1] qui a, dans son extrémité, « un peu de feu ». Elle parle de « suavité et de douleur » (*Vie*, XXIX, 13). Notons qu'une statue de la Transverbération de Thérèse d'Avila se trouvait alors devant l'infirmerie depuis 1882 (cf. VTL, 45).

De quoi s'agit-il ? La réponse nous est donnée par saint Jean de la Croix, qui a accompagné l'itinéraire de sœur Teresa de Jesús :

« Ceux qui reçoivent de telles faveurs, et il en existe, sont en petit nombre ; ce sont des grâces qui disposent les

---

1. Ce n'est pas un hasard si on trouve un dard dans les Armoiries peintes par Thérèse à la fin de son premier manuscrit. Elle commente : « C'est en ce lieu béni (le Carmel) que Thérèse a choisi pour figurer en ses armoiries le dard enflammé de l'amour qui doit lui mériter la palme du martyre en attendant qu'elle puisse véritablement donner son sang pour Celui qu'elle aime » (Ms A, 85v°).

âmes destinées à transmettre leur esprit et leur vertu à une famille de disciples ; car Dieu donne volontiers la richesse et l'autorité, par les prémices de l'esprit, aux chefs, et cela en proportion de l'importance des doctrines et de l'esprit qu'ils ont à communiquer à leur postérité » (VFA, 2,11 ; cf. p. 172 dans l'édition de Thérèse ; Œ/J, p. 1117).

Je dois au P. Marie-Eugène de l'Enfant-Jésus la découverte du sens de cet événement de la vie de Thérèse en 1895. Il commente :

« À la quatrième station de son Chemin de Croix [1] elle reçoit une blessure d'amour qui certainement l'élève (elle y était déjà probablement) à l'union transformante qui est une blessure de maternité spirituelle que nous pouvons probablement comparer à la transverbération de Ste Thérèse (d'Avila) et qui va lui donner mission désormais de répandre sa connaissance de Dieu. Elle va donc partir de cette connaissance de l'Amour pour donner sa doctrine d'enfance spirituelle [2]. »

Dans *Je veux voir Dieu*, le P. Marie-Eugène commentera la transverbération de Thérèse d'Avila par le texte de saint Jean de la Croix dans *La Vive Flamme* (str. 2) que nous venons de citer [3].

Et un peu plus loin, le P. Marie-Eugène cite Thérèse de Lisieux. Comment oublier en effet le nombre extraordinaire de ses disciples et la cinquantaine de congrégations qui l'ont prise pour fondatrice [4] ?

Ainsi le feu du ciel est tombé sur le cœur de Thérèse, en réponse à son offrande. L'holocauste — selon sa définition même — a été entièrement consumé. Ce thème du feu va

---

1. Seul le P. Marie-Eugène de l'Enfant-Jésus apporte cette précision. Il la tenait du carmel de Lisieux (traduction orale).

2. *Retraite sacerdotale* à Notre-Dame de Vie, 1962, p. 163.

3. P. 1068. Cf. S. Fumet, *Mikaël. Qui est comme Dieu ?* Cerf, 1954, p. 179.

4. Leurs Règles de vie et leurs constitutions s'inspirent de la spiritualité de Thérèse. L'immense majorité est constituée de congrégations actives.

être de plus en plus présent dans sa vie. Tout le final du Manuscrit A qui détaille les conséquences heureuses de son Acte d'offrande évoque l'eau et le feu et, sans doute, une allusion à la « blessure d'Amour[1] ».

Transformée en vive flamme d'amour, sœur Thérèse veut communiquer ce feu à tout son entourage et au monde entier : « Voici ma prière, je demande à Jésus de m'attirer dans les flammes de son amour, de m'unir si étroitement à Lui, qu'Il vive et agisse en moi. Je sens que plus le feu de l'amour embrasera mon cœur, plus je dirai : " Attirez-moi ", plus aussi les âmes qui s'approcheront de moi (pauvre petit débris de fer inutile, si je m'éloignais du brasier divin) plus ces âmes courront avec vitesse à l'odeur des parfums de leur Bien-Aimé... » (Ms C, 36r°.)

Il est frappant de constater combien le thème du feu, de la flamme, revient souvent dans les *Poésies*, surtout à partir de 1895[2].

L'Esprit d'Amour m'embrase de son feu   (PN 17,2.)

Flamme d'Amour, consume-moi sans trêve   (PN 17,14.)

De tes feux daigne m'embraser   (PN 20,6.)

À sa voix, mon âme ravie
S'embrase du feu de l'Amour   (PN 22,12.)

Rappelle-toi de la très douce Flamme
Que tu voulais allumer dans les cœurs

---

1. Cf. OC/T, p. 1273, note 415.
2. Thérèse a lu la méditation du R. P. Tissot à Paray-le-Monial le 15/10/1890, entendue par Céline en pèlerinage. Elle avait pris des notes : « Quel divin incendie que celui de l'amour ! (...) Jetez cette faiblesse dans le Cœur de Jésus : à peine est-elle dans cette fournaise ardente qu'elle est déjà consumée... » Lire ce texte en VT 79, pp. 224-228.

Ce Feu du Ciel, tu l'as mis en mon âme
Je veux aussi répandre ses ardeurs
Une faible étincelle, ô mystère de vie
Suffit pour allumer un immense incendie [1]
Que je veux, ô mon Dieu
Porter au loin ton Feu
Rappelle-toi.   (PN 24,17.)

Et le feu de l'amour qui consume mon âme
Ne s'éteindra jamais !...   (PN 26,9.)

Autrefois regardant votre âme
La Bienheureuse Trinité
Vous avait marquée de sa Flamme
En vous dévoilant sa beauté. (...)

À cette parole bénie
Votre cœur s'est tout enflammé
Vous avez donné vie pour vie
À Jésus votre Bien-Aimé.

Maintenant, heureuse victime
Qui vous immolez à l'Amour
Goûtez la joie, la paix intime
De vous consumer chaque jour.

Vers l'Amour votre âme soupire
Il est votre astre lumineux
L'Amour sera votre martyre
L'Amour vous ouvrira les Cieux.

                                        (PN 29,3,10,11,12.)

Ta voix trouve écho dans mon âme
Je veux te ressembler, Seigneur.

---

1. Page 380, tome II, de l'édition de Thérèse. Cf. Œ/J, p. 1363. « Une seule étincelle peut allumer un immense embrasement », saint Jean de la Croix, Maxime 157 (dans un tout autre contexte).

La souffrance, je la réclame
Ta parole de flamme
Brûle mon cœur !... (...)

J'ai soif d'Amour, comble mon espérance
Augmente en moi, Seigneur, ton Divin Feu
J'ai soif d'Amour, bien grande est ma souffrance
Ah ! je voudrais voler vers toi, mon Dieu !...

Ton Amour est mon seul martyre
Plus je le sens brûler en moi
Et plus mon âme te désire...
Jésus, fais que j'expire
D'Amour pour Toi !!!...

(PN 31, R 2,6, R6)

On saisit ici le lien entre la flamme d'amour qui brûle et qui peut provoquer la mort, comme sœur Thérèse l'avait éprouvé durant son chemin de Croix : « Je brûlais d'amour et je sentais qu'une minute, une seconde de plus, je n'aurais pu supporter cette ardeur sans mourir » (cf. *supra*, p. 148).

Tous les textes de ces poésies datent des années 1895 et 1896. La correspondance de ces années va dans le même sens.

Elle écrit au P. Roulland le 23 juin 1896 :

« Je vous en supplie, mon Révérend Père, demandez pour moi à Jésus, le jour qu'Il daignera pour la première fois descendre du Ciel à votre voix, demandez-Lui de m'embraser du feu de son Amour afin que je puisse ensuite vous aider à l'allumer dans les cœurs » (LT 189).

Le souci apostolique de la transmission de la flamme est bien souligné.

Le mois précédent, glosant à son tour un poème de Jean de la Croix, elle avait écrit pour sœur Marie de la Trinité :

> Ce Feu qui brûle dans mon âme
> Pénètre mon cœur sans retour
> Ainsi dans sa charmante flamme
> Je vais me consumant d'Amour !... (PN 30,3.)

Si l'offrande à l'amour a attisé ce feu intérieur il ne faut pas oublier que, dès 1894, il en était déjà question. Ainsi :

> Ton regard m'enflamme
> Mon unique amour,
> Consume mon âme
> Jésus, sans retour. (...)
>
> Oh ! quel doux martyre
> Je brûle d'amour
> Vers toi je soupire
> Jésus, chaque jour !...   (PN 15,4 et 10.)

Et dans le « Cantique de Céline » (28/4/1895) :

> Attiré par la douce flamme
> Le papillon vole et s'enflamme
> Ainsi ton amour attire mon âme
> C'est en lui que je veux voler
> Brûler !...   (PN 18,53.)

L'année 1894 et le début de 1895 sont très polarisés par le souvenir de Jeanne d'Arc, dont le martyre d'amour pour Jésus s'est achevé dans le feu. Thérèse s'est très profondément investie dans la composition de deux récréations sur Jeanne. On sait que le jour de la représentation de la seconde pièce (RP 3), le 21 janvier 1895, le feu a pris au décor et que Thérèse-Jeanne a été entourée de flammes !

La pièce est à relire dans cette perspective :

De ce bûcher la flamme est embrasée
Mais plus ardent est l'amour de ton Dieu (RP 3, 23r°).

* * *

Ce feu purifie toutes les fautes. Saint Jean de la Croix affirme dans le *Cantique spirituel* : « Là toutes ces imperfections de l'âme se consument avec une facilité merveilleuse, comme la rouille des métaux dans le feu de la fournaise » (str. 26)[1].

L'*Acte d'offrande* affirme de son côté : « Si par faiblesse je tombe quelquefois qu'aussitôt votre Divin Regard purifie mon âme consumant toutes mes imperfections, comme le feu qui transforme toute chose en lui-même » (Pri 6).

Cette offrande aura de grandes conséquences dans la vie de Thérèse : « Ah ! depuis cet heureux jour (le 9 juin 1895), il me semble que l'*Amour* me pénètre et m'environne, il me semble qu'à chaque instant cet *Amour Miséricordieux* me renouvelle, purifie mon âme et n'y laisse aucune trace de péché, aussi je ne puis craindre le purgatoire. (...) Je sais aussi que le Feu de l'Amour est plus sanctifiant que celui du purgatoire. » (Ms A, 84r°/v°)[2].

Dans le même sens, elle écrira deux ans plus tard à l'abbé Bellière : « Comment lorsqu'on jette ses fautes avec une confiance toute filiale dans le brasier dévorant de l'Amour, comment ne seraient-elles pas consumées sans retour[3] ? »

Une de ses dernières paroles ira dans le même sens : « Dites bien, ma Mère, que, si j'avais commis tous les

---

1. Cf. D. Poirot, « Le Feu, intime amour, chez Jean de la Croix », *La Vie spirituelle* n° 712, 1994, pp. 613-625.
2. Cf. L. Regnault, « La pensée de sainte Thérèse de l'Enfant-Jésus sur le purgatoire », VT 101, janvier-mars 1986, pp. 21-29.
3. LT 247, du 21/6/1897.

crimes possibles, j'aurais toujours la même confiance, je sens que toute cette multitude d'offenses serait comme une goutte d'eau jetée dans un brasier ardent[1]. »

Remarquons que jamais Thérèse n'utilise le symbole sanjuaniste de la bûche qui se consume dans le feu pour y être purifiée. Elle lui substitue l'image du morceau de fer qui « désire s'identifier au feu de manière qu'il le pénètre et l'imbibe de sa brûlante substance et semble ne faire qu'un avec lui » (Ms C 35v°/36r°).

Écoutons saint Jean de la Croix :

> « *Cette " flamme d'amour ", nous l'avons dit, c'est l'esprit de son Époux, c'est l'Esprit Saint, que l'âme sent en elle-même non seulement comme un feu qui la consume et la transforme suavement en amour, mais comme un brasier qui jette des flammes. (...) Telle est l'opération de l'Esprit Saint dans l'âme parvenue à la transformation d'amour. Les actes qu'il produit en elle sont des jets de flamme et des embrasements d'amour. La volonté, en s'y unissant, aime d'une façon sublime, parce quelle ne fait plus qu'un par l'amour avec cette flamme* » (VFA, 1,3, Œ/J, p. 1092 ; cf. p. 130 de l'édition de Thérèse).

Toute l'œuvre de saint Jean de la Croix tend à montrer que l'âme parvient à une sorte d'égalité avec Dieu. « L'âme, en l'appelant du nom de frère, montre l'espèce d'égalité que les fiançailles, qui ont précédé le mariage spirituel, ont établi entre les deux amants. » « ... Que le Bien-Aimé soit son frère, paroles qui indiquent cette sorte d'égalité et qui l'établissent entre elle et lui. » (CSB, str. 22 ; p. 329 et str. 24; p. 343.)

---

1. CJ 11.7.6 ; cf. le final du Ms C.

Thérèse emploie aussi ce mot de « frère » :

Il me faut un Dieu prenant ma nature
Devenant mon frère et pouvant souffrir !   (PN 23, 4.)
Pour toi, mon Divin petit Frère
Je suis heureuse de souffrir...   (PN 45, 6.)

Le mariage spirituel s'opère alors :

« Il s'établit alors une union si intime entre la nature divine et la nature humaine et une si parfaite communication de l'une à l'autre, que ces deux natures, Dieu et l'âme, tout en conservant leur être propre semblent néanmoins se confondre l'une et l'autre en Dieu[1]. » (CSB, str. 22 ; p. 325).

Dans son carnet, Céline avait recopié la maxime 69 de saint Jean de la Croix, dont nous soulignons le final :

« Ce que Dieu prétend, c'est de faire de nous des dieux par participation de ce qu'il est lui-même par nature, de même que le feu convertit toute chose en feu[2]. »

Dans la fameuse lettre 197 du 17 septembre 1896, Thérèse avait écrit à sœur Marie du Sacré-Cœur :

« Ô ma Sœur chérie, je vous en prie, comprenez votre petite fille, comprenez que pour aimer Jésus, être sa *victime d'amour,* plus on est faible, sans désirs, ni vertus, plus on est propre aux opérations de cet Amour consumant et transformant[3]... »

Et elle conclura son dernier manuscrit par ces lignes :

---

1. Dès le 12/3/1889, on lit dans une lettre de Thérèse à Céline : « ... après avoir été abreuvées à la source de toutes les amertumes, nous serons déifiées à la source même de toutes les joies... » (LT 85). *Déifier* est un hapax dans ses écrits. Elle avait lu dans Arminjon (7ᵉ conférence qui l'avait tant marquée) : « Ils deviennent des Dieux eux-mêmes » (*Fin du monde présent et Mystères de la vie future,* éd. OCL, 1970, p. 207).

2. Pri, p. 98 ; NEC, p. 572.

3. Thérèse n'emploie le verbe *consommer* qu'en Pri 12 et LT 245. Elle préfère souvent *consumer,* en dépendance de l'image du feu : Ms A, 84r° ; Pri 6 ; cf. notes de Pri, p. 131 ; NEC, p. 605.

« Voici ma prière, je demande à Jésus de m'attirer dans les flammes de son amour, de m'unir si étroitement à Lui, qu'Il vive et agisse en moi » (Ms C, 36r°).

Paul Claudel, le grand poète converti le même jour que Thérèse (25 décembre 1886), peut conclure cette première partie par cette page lyrique qui nous semble encore plus vraie aujourd'hui :

« Votre sacrifice est agréé, Mademoiselle Martin ! Ce bûcher, ne faisant qu'un avec la victime, qui est de votre corps et de votre âme, Dieu a fondu sur lui comme aux jours d'Élie pour y mettre le feu. Ô Vierge sainte, ce n'est pas l'huile qui manque à cette lampe dont parle le Cantique — *lampades ignis atque flammarum* — ce que votre Époux lui-même s'est chargé d'allumer ! " Je suis venu mettre le feu à la terre " (mais oui, à cette argile que tu as héritée d'Adam), " et qu'ai-je voulu en vérité sinon qu'il brûle ? " Brûle donc, Thérèse ! brûle, flamme alimentée de ton propre souffle ! Brûle noir, brûle clair, holocauste, puisque je t'ai décomposée en chair et en esprit ! Brûle, cierge ! Qu'est-ce qu'elle a, cette petite fille, allumée comme une Pentecôte, à me demander que Ma Volonté soit faite, comme si ça ne devait pas commencer par elle, Ma Volonté, comme s'il n'y avait pas la sienne d'abord pour mettre le feu à la Mienne ? Comme si, l'âme déjà toute prête, il ne lui restait pas ce corps pour que j'en vienne à bout ? *Qui dévorera comme Moi ?* dit le feu [1]. »

---

1. *Trois figures saintes pour le temps actuel,* éd. Amiot-Dumont, 1953, pp. 82-83.

« La mort d'amour »

Mère Agnès de Jésus rapporte dans les *Derniers Entretiens* : « Le soir (du 27 juillet) elle me rappela la parole de St Jean de la Croix : " Rompez la toile de cette douce rencontre. " J'ai toujours appliqué cette parole à la mort d'amour que je désire. L'amour n'usera pas la toile de ma vie, il la rompra tout à coup » (CJ 27.7.5) [1].

Une semaine plus tard, la malade dira encore : « ... Oh ! oui je désire le Ciel ! " Déchirez la toile de cette douce rencontre ", ô mon Dieu ! » (CJ 2.9.8.)

Ce désir de « mourir d'amour », Thérèse l'a bien souvent formulé à partir de 1895. Il est dans la tradition du Carmel [2].

N'oublions pas que la poésie *Vivre d'Amour* a été composée spontanément :

Je veux chanter en sortant de ce monde
« Je meurs d'Amour ! »
(...)
Flamme d'Amour, consume-moi sans trêve
Vie d'un instant, ton fardeau m'est bien lourd !
Divin Jésus, réalise mon rêve :
Mourir d'Amour !...
Mourir d'Amour, voilà mon espérance (...)
De son Amour je veux être embrasée...   (PN 17,13-15.)

---

1. VFA, 1,6, p. 150 de l'édition de Thérèse ; cf. ŒJ, p. 1106 et 1466.
2. Chez sainte Thérèse d'Avila, cf. E. Renault, o.c.d., *Le Désir de mourir chez Thérèse d'Avila,* dans *Sainte Thérèse d'Avila,* Colloque Notre-Dame de Vie, 1982, pp. 183-193.

Dans le *Cantique de Céline* (28/4/1895) :

> Ô Jésus ! que je meure un jour
> D'Amour !...   (PN 18, 52.)

En 1895 encore, Jeanne d'Arc-Thérèse déclare devant le bûcher :

Mourir pour votre amour, je ne veux rien de plus...
                                        (RP 3, 21r°.)

Dans une lettre-testament du 6 juin 1897, à sa novice, sœur Marie de la Trinité, Thérèse formule ce souhait :

« Je ne compte pas sur la maladie, c'est une trop lente conductrice. *Je ne compte plus* que sur *l'amour*, demandez au Bon Jésus que toutes les prières qui sont faites pour moi servent à augmenter le Feu qui doit me consumer... » (LT 242.)

Trois jours plus tard, elle confie à nouveau à Mère Marie de Gonzague son épreuve contre la foi. Elle termine ainsi : « Il me semble maintenant que rien ne m'empêche de m'envoler, car je n'ai plus de grands désirs si ce n'est celui d'aimer jusqu'à mourir d'amour... (9 Juin) » (Ms C, 7v°).

À l'infirmerie, pendant la nuit du 12 juillet, la malade compose encore un couplet pour se préparer à la communion :

> Toi qui connais ma petitesse extrême
> Tu ne crains pas de t'abaisser vers moi !
> Viens en mon cœur, ô blanche Hostie que j'aime,
> Viens en mon cœur, il aspire vers toi !
> Ah ! je voudrais que ta bonté me laisse
> Mourir d'amour après cette faveur.
> Jésus ! entends le cri de ma tendresse,
> Viens en mon cœur !   (PS 8.)

D'une voix haute et belle, sœur Marie de l'Eucharistie chante cette strophe avant la communion de Thérèse, à l'infirmerie, le 16 juillet. Après la communion, elle chante la strophe 14 de *Vivre d'Amour* que nous avons citée [1].

Ce désir de mourir d'amour, si souvent souligné, doit évidemment beaucoup à saint Jean de la Croix. L'entourage de Thérèse le sait bien.

Quant à elle, elle a à son chevet *La Vive Flamme d'Amour* et elle a tracé au crayon de petites croix pour répondre à un désir de Mère Agnès :

« ... Comme je lui parlais de son désir de mourir d'amour, lui demandant comment nous saurions qu'elle avait aimé Dieu " jusqu'à en mourir " elle marqua d'une petite croix au crayon dans le livre ce passage du même auteur touchant les âmes consommées dans l'Amour parfait : " Elles meurent dans des transports admirables et des assauts délicieux que leur livre l'Amour ", etc. » (NPPA ; cf. DE, pp. 492-493).

Il faut évidemment lire attentivement ces trois passages de *La Vive Flamme d'Amour* soulignés par la malade. Les voici (cf. Œ/J, pp. 1106-1109) :

* P. 152 : « La mort de ces âmes est accompagnée d'une douceur et d'une suavité merveilleuses, qui surpassent de beaucoup tout ce qu'elles avaient goûté pendant toute la durée de leur vie spirituelle. Elles meurent dans des transports admirables et des assauts délicieux que leur livre l'amour, comme le cygne dont le chant est plus mélodieux quand il est sur le point de mourir. C'est ce qui fait dire à David que *la mort des justes est précieuse devant Dieu* (Ps. CXV,5). Car c'est alors que les fleuves de l'amour

---

1. Cf. le récit de cette célébration par Thérèse écrivant aux Guérin, LT 255 du 16 juillet 1897.

s'échappent de l'âme, et s'en vont se perdre dans l'océan de l'amour divin. Ils sont là si larges et si puissants, qu'ils semblent déjà des mers. Là le commencement et la fin, le premier et le dernier se réunissent (Apoc. XXII,13), afin d'accompagner le juste qui part pour son royaume ; et l'*on entend retentir des extrémités du monde,* selon la parole d'Isaïe, *les louanges qui sont la gloire du juste* (Is. XXIV,16). »

* *P. 156 :* « Aussi, l'âme qui est bien disposée peut-elle produire en quelques instants un bien plus grand nombre d'actes beaucoup plus intenses, que celle qui ne l'est pas, dans un temps beaucoup plus long. »

* *Pp. 157-158 :* « Aussi, cette âme voudrait-elle qu'on n'attendît pas la fin naturelle de sa vie, parce que la force de son amour et les dispositions qu'elle voit en elle la portent à désirer, avec résignation sans doute à la volonté de Dieu, qu'elle se brise sous l'impulsion violente et surnaturelle de l'amour. Elle n'ignore pas que Dieu a coutume d'enlever ces âmes avant le temps, afin de les enrichir de ses biens et de les retirer des maux de ce monde. Il les consomme en très peu de temps dans la perfection ; et, comme l'a dit le Sage, il leur donne, grâce à cet amour, ce qu'elles ne pourraient gagner qu'après de longs efforts. *Comme le Juste a plu à Dieu, il en a été aimé ; et Dieu l'a transféré d'entre les pécheurs parmi lesquels il vivait. Il l'a enlevé, de peur que son esprit ne fût corrompu par la malice, et que les apparences trompeuses ne séduisissent son âme... Ayant peu vécu, il a rempli la course d'une longue vie : car son âme était agréable à Dieu. C'est pourquoi il s'est hâté de la retirer du milieu de l'iniquité* (Sap. IV,10,11,13,14). Il est donc grandement important de s'exercer beaucoup à l'amour, afin que l'âme, se consommant rapidement en lui, ne s'arrête guère ici-bas et arrive promptement à voir son Dieu face à face. »

L'allusion autobiographique s'impose. Contrairement à

ce que pensaient et disaient certaines carmélites dans cette communauté, une vie brève peut vivre l'amour avec incandescence. On sait la prédilection de Thérèse pour les saints qui sont morts jeunes (et martyrs) : les Saints Innocents, Cécile, Agnès, Jeanne d'Arc, Constance, la novice du carmel de Compiègne, Louis de Gonzague, Théophane Vénard, Stanislas Kostka... Tous ont été rapidement consumés — et consommés.

Dans sa pièce sur *Jeanne d'Arc accomplissant sa mission* (RP 3), Thérèse ajoutera le passage du livre de la Sagesse (4,7-17) sur la mort prématurée du juste.

Le décryptage d'un signet de bristol, comportant quelques brèves références aux autres lectures de Thérèse, n'est pas aisé. Nous renvoyons à une étude en Annexe (pp. 188-189).

* * *

À travers les souffrances physiques de la tuberculose et les souffrances morales et spirituelles de l'épreuve de la foi, que devient le désir de « mourir d'amour » ?

Les brusques aléas de la maladie — tantôt Thérèse est à la mort, tantôt elle va mieux — l'orientent vers une « indifférence », pour parler comme saint Ignace de Loyola. « Après tout ça m'est égal de vivre ou de mourir » (CJ 15.5.7). « Mais au fond, je suis bien abandonnée pour vivre, pour mourir, pour guérir et pour aller en Cochinchine [1] si le bon Dieu le veut » (CJ 21-26.5.2). « Je ne désire pas plus mourir que vivre ; c'est-à-dire que, si j'avais à choisir, j'aimerais mieux mourir ; mais puisque c'est le bon Dieu qui choisit pour moi, j'aime mieux ce qu'il veut.

---

1. L'éventualité d'un départ de soeur Thérèse au carmel de Saïgon (fondé par celui de Lisieux en 1861) a été sérieusement envisagée (cf. Ms C, 9r°/10v° ; LT 221 ; CJ 2.9.5).

C'est ce qu'il fait que j'aime » (CJ 27.5.4).

Elle avait écrit en février 1895 :

> Longtemps encor je veux bien vivre
> Seigneur, si c'est là ton désir
> Dans le Ciel je voudrais te suivre
> Si cela te faisait plaisir.
> L'amour, ce feu de la Patrie
> Ne cesse de me consumer
> Que me font la mort ou la vie ?
> Jésus, ma joie, c'est de t'aimer ! (PN 45,7.)

Le 31 mai 1897, elle a écrit un cantique sur « *l'Abandon est le fruit délicieux de l'Amour* » (PN 52).

À son chevet, les sœurs Martin très présentes — surtout Mère Agnès de Jésus — et connaissant les textes de *La Vive Flamme* sur « la mort de l'amour », attendent la réalisation de ces pages. Cette impatience, parfois indiscrète et fatigante pour la malade, semble un remède à leur douleur.

Il est révélateur de lire les lignes de sœur Geneviève au frère Siméon à Rome : « Sa maladie, c'est l'amour. Elle n'en a point d'autre que Mourir d'Amour comme elle l'avait tant désiré[1]. »

Il est vrai que sœur Thérèse a maintes fois manifesté ce désir.

Dans sa fameuse poésie de février 1895, « *Vivre d'Amour* », elle manifestait pour la première fois[2] cette espérance :

> Mourir d'Amour, c'est un bien doux martyre

---

1. DE, pp. 680-681.
2. Mais, en janvier 1895, elle faisait dire à Jeanne d'Arc, « sa sœur chérie » (Ms B, 3r°) : « Mourir pour votre amour, je ne veux rien de plus / Je désire mourir pour commencer à vivre / Je désire mourir pour m'unir à Jésus » (RP 3,21r°).

Et c'est celui que je voudrais souffrir.
Ô Chérubins ! accordez votre lyre,
Car je le sens, mon exil va finir !...
Flamme d'Amour, consume-moi sans trêve
Vie d'un instant, ton fardeau m'est bien lourd !
Divin Jésus, réalise mon rêve :
     Mourir d'Amour !...   (PN 17, str. 14.)

Mourir d'Amour, voilà mon espérance
Quand je verrai se briser mes liens
Mon Dieu sera ma Grande Récompense
Je ne veux point posséder d'autres biens.
De son Amour je veux être embrasée
Je veux Le voir, m'unir à Lui toujours
Voilà mon Ciel !... voilà ma destinée :
     Vivre d'Amour !!!...   (PN 17, str. 15.)

On remarque évidemment combien la mort d'amour se trouve en lien avec le feu consumant de l'Amour divin.

Dans la poésie suivante, on note :

     Ô Jésus ! que je meure un jour
       D'amour !...   (PN 18, 52.)

En octobre 1895, après l'Offrande à l'Amour Miséricordieux du 9 juin (« qu'ainsi je devienne Martyre de votre Amour... Que ce Martyre me fasse enfin mourir... » Pri 6), le long cantique *Jésus mon Bien-Aimé, rappelle-toi !* est explicite :

Rappelle-toi, Jésus, Verbe de Vie
Que tu m'aimas jusqu'à mourir pour moi
Je veux aussi t'aimer à la folie
Je veux aussi vivre et mourir pour Toi.

Tu le sais, ô mon Dieu ! tout ce que je désire
C'est de te faire aimer et d'être un jour martyre.
    D'amour je veux mourir
    Seigneur, de mon désir
        Rappelle-toi...   (PN 24,26.)

La conclusion du *Cantique de sœur Marie de la Trinité et de la Sainte Face* est sans équivoque :

Ton Amour est mon seul martyre
Plus je le sens brûler en moi
Et plus mon âme te désire...
    Jésus, fais que j'expire
        D'Amour pour Toi !!!... (PN 31, R.6.)

On remarque le lien permanent entre feu de l'Amour trinitaire, mort et martyre d'amour.

Au chevet de la malade, les sœurs Martin évoquent les textes sanjuanistes. Ainsi Mère Agnès de Jésus : « Je lui rappelais ce que dit saint Jean de la Croix sur la mort des âmes consommées dans la Charité[1]. »

La réponse de Thérèse a pu d'abord dérouter sa sœur.

« Elle soupira et me dit : " *Il faudra dire que c'est au fond de mon âme 'la joie et les transports '... Mais cela n'encouragerait pas tant les âmes si l'on croyait que je n'ai pas beaucoup souffert.* "

« Comme je sens que vous êtes angoissée ! Et pourtant, il y a un mois vous me disiez de si belles choses sur la mort d'amour.

" *Mais ce que je vous disais, je vous le dirais bien encore* " » (CJ 15.8.1).

Sœur Thérèse veut rester sur le ferme terrain de la foi, en

---

1. Cf. *supra,* pp. 161-162. VFA, 1,6, explication. Passage marqué d'une croix au crayon par Thérèse (DE, p. 492).

bonne disciple du carme espagnol : « Ne vous étonnez pas si je ne vous apparais pas après ma mort, et si vous ne voyez aucune chose extraordinaire comme signe de mon bonheur[1]. Vous vous rappellerez que c'est "ma petite voie" de ne rien désirer voir » (CJ 4.6.1).

Elle ajoute : « Ne vous faites pas de peine, mes petites sœurs, si je souffre beaucoup et si vous ne voyez en moi, comme je vous l'ai déjà dit, aucun signe de bonheur au moment de ma mort. Notre-Seigneur est bien mort victime d'Amour, et voyez quelle a été son agonie !... Tout cela ne dit rien. »

Ainsi, dès le mois de juin, Thérèse, regardant Jésus — on sait qu'elle tient bien souvent en main son crucifix — distingue bien « la mort d'amour » des signes qui peuvent l'accompagner. Elle prend donc ses distances par rapport aux textes de *La Vive Flamme*. Un seul argument, tiré de l'Évangile, lui paraît irréfutable : la mort de Jésus lui-même. Telle a été sa mort d'amour au Calvaire : elle n'en veut point d'autre, fidèle à la courte prière qu'elle portait toujours sur son cœur : « Fais que je Te ressemble, Jésus ! » (Pri 11.)

D'où cette importante affirmation en juillet : « Notre-Seigneur est mort sur la Croix, dans les angoisses, et voilà pourtant la plus belle mort d'amour. C'est la seule qu'on ait vue, on n'a pas vu celle de la Sainte Vierge. Mourir d'amour, ce n'est pas mourir dans les transports. Je vous l'avoue franchement, il me semble que c'est ce que j'éprouve » (CJ 4.7.2).

Aveu capital qui projette une vive lumière sur la passion de sœur Thérèse. Aussi déroutante soit-elle pour son entourage et la postérité, elle trouve son sens ultime dans l'intense amour de la malade pour Jésus et sa « Croix glo-

---

1. En fait, sa vie posthume, depuis 1899, sera une extraordinaire suite de « signes », dont de très nombreuses apparitions.

rieuse » (Ms B, 3r°).

Le déroulement terrible de sa maladie, la nuit de la foi (à peine évoquée dans les *Derniers Entretiens* et connue seulement de Mère Marie de Gonzague, moins encore de Mère Agnès de Jésus) semblent démentir peu à peu les espérances concernant une « belle » mort d'amour. Son entourage s'interroge. Est-ce que ce doute n'atteint pas Thérèse elle-même aux moments sombres ? Se serait-elle trompée ? Car des voix intérieures lui suggèrent que la mort ne lui apportera que « le néant » (Ms C, 6v°). N'a-t-elle pas évoqué plusieurs fois la tentation du suicide[1] ?

Elle ne lâche pas son crucifix et le contemple très souvent. La plus belle mort d'amour fut celle du Crucifié qui mourut en « poussant un grand cri » (Mt 27,50) après avoir prié le psaume 21 : « Mon Dieu, mon Dieu, pourquoi m'as-tu abandonné ? »

Sœur Thérèse renonce à ce qui ce voit pour ce qui *est* : « Ce n'est pas la peine que ça paraisse *(mourir d'amour)* pourvu que ce soit ! » (CJ 14.7.4.)

Une fois encore, on lui suggère la possibilité d'une « belle mort » quelque peu spectaculaire : le jour de la fête de Notre-Dame du mont Carmel, après la communion. Cela ferait si bien dans sa circulaire nécrologique et comme les âmes seraient édifiées ! Thérèse proteste : « Oh ! cela ne ressemblerait pas à ma petite voie. J'en sortirais donc pour mourir ? Mourir d'amour après la Communion, c'est trop beau pour moi ; les petites âmes ne pourraient imiter cela » (CJ 15.7.1).

Ainsi la mort d'amour de Thérèse reste en harmonie profonde avec sa petite voie. Il lui faut demeurer dans la nuit de la foi et de l'espérance. Mais n'est-ce pas rester fidèle à

---

1. CJ 22.9.6 et sœur Marie de la Trinité, PO, 47,2. Durant de mauvaises nuits, le Démon cherche à la désespérer : CJ 25.8.6 ; 11.9.5 et 6 ; 29.9.3.

l'enseignement de saint Jean de la Croix, le docteur de la foi, que nous avons écouté dans notre second chapitre ? Il ne faudrait pas oublier qu'il a lui-même décrit la mort du Christ en croix avec un relief saisissant, en parfaite harmonie avec le célèbre dessin qu'il nous a laissé, expression bouleversante du Crucifié :

« À l'instant de sa mort Il fut aussi anéanti en l'âme sans aucune consolation ni soulagement, son Père le laissant ainsi en une intime aridité, selon la partie inférieure. Ce qui le fit écrier en la croix : " Mon Dieu, mon Dieu, pourquoi m'avez-vous délaissé ? " Lequel délaissement fut le plus grand qu'il souffrît en la partie sensitive durant ce séjour mortel. Aussi fit-il en ce délaissement le plus grand œuvre qu'Il eût opéré en toute sa vie par ses miracles et ses merveilles. (...) Afin que l'homme vraiment spirituel entende le mystère de la porte et du chemin du Christ, pour s'unir à Dieu ; et qu'il sache que tant plus il s'anéantira pour Dieu, selon ces deux parties — la sensible et la spirituelle — tant plus il s'unit à Dieu et fait une œuvre meilleure. Et lorsqu'il sera réduit à rien — ce qui sera dans l'extrême humilité — alors l'union spirituelle sera faite entre l'âme et Dieu ce qui est plus grand et le plus haut état où l'on puisse parvenir en cette vie. Il ne consiste donc pas en récréations, ni en goûts, ni en sentiments spirituels, mais en une vive mort de croix sensible et spirituelle, c'est-à-dire intérieure et extérieure » (MC 2, 7,11 ; cf. Œ/J, p. 657).

Comment oublier le poème du *Pastoureau (Chant du Christ et de l'âme)* et sa dernière strophe :

> Le temps s'écoule. Enfin il est monté
> Sur un arbre, ses bras sont grands ouverts.
> Voyez-le mort, il reste suspendu,
> Son cœur, hélas, d'amour est déchiré [1].

D'ailleurs, la propre mort d'amour de celui qui voulait « souffrir et être méprisé » a été conforme à celle de son Maître Bien-Aimé. Ainsi la décrit le P. Marie-Eugène de l'Enfant-Jésus dans un Triduum au carmel de Lisieux en 1927 : « Jésus crucifié l'avait entraîné dans les profondeurs de sa souffrance et avait imprimé sur sa face ses traits douloureux. Les plaies avaient envahi tout le corps et il n'y avait plus en lui de membre sain. Plus de force physique, plus de beauté. Il est un " homme de douleurs ", " le dernier des hommes ", le dernier des religieux. Le prieur du couvent d'Ubeda ne l'aime guère. Ne semble-t-il pas frappé de Dieu lui-même puisqu'il est attaqué par ceux qui sont les instruments authentiques de sa justice ? La désolation intérieure, l'abandon viennent grossir les flots de la douleur. Lorsque le Père Antoine viendra, le patient lui demandera de l'excuser car il est submergé par la souffrance. C'est le trou noir. " Mon Dieu, mon Dieu, pourquoi m'avez-vous abandonné [2] ? " »

Tout ceci est confirmé et précisé dans le récit historique de la mort du carme espagnol. Il faut lire ces pages dramatiques [3]. Résumons-les.

Le P. Francisco Crisostomo, le prieur, le reçoit très mal au couvent d'Ubeda. Il se plaint des frais occasionnés par le malade, s'en montre jaloux, relève le frère infirmier de ses fonctions, laisse courir des diffamations sur les mœurs de frère Jean. Les souffrances physiques de celui-ci ne sont pas moins terribles : il a un abcès à la cuisse qui se propage jusqu'au cou de pied. Avec une paire de ciseaux, le méde-

---

1. Œ/J, p. 147.

2. 3ᵉ Conférence : « *Victime d'Amour* ». Cf. *Jean de la Croix. Présence de lumière*, p. 137.

3. J. V. Rodriguez, *Dieu parle dans la nuit*, pp. 360-369. Ceci est corroboré par le P. Crisogono de Jesús, *Jean de la Croix, sa vie*, Cerf, 1982, pp. 366-387.

cin lui fait une incision sur vingt centimètres ! Dans son dos, un abcès plus gros que le poing dégorge du pus. « Ses souffrances sont atroces et augmentent chaque jour » (p. 365). Jean ne peut plus manger.

L'infirmier admire son extraordinaire patience, l'offrande continue de ses souffrances à Dieu, son souvenir constant de la Passion du Christ. Il ne lâche pas son crucifix. Le 14 décembre 1591, à minuit, ses dernières paroles sont celles du Christ : « Entre tes mains, Seigneur, je remets mon esprit. » Ainsi s'achève la vie de frère Jean, parti chanter matines au ciel.

Sœur Thérèse-Bénédicte de la Croix (Edith Stein) écrira en 1941, avant de mourir à Auschwitz : « Le sommet du Golgotha était atteint[1]. »

**

Avec le Père Marie-Eugène de l'Enfant-Jésus, on peut conclure ce chapitre sur la mort d'amour dans la vive flamme :

« Ainsi, chez Thérèse de l'Enfant-Jésus, venue au carmel prier pour les pécheurs et les prêtres, la dernière étape de l'amour transformant avant la vision du ciel sera certes un amour embrasé, mais la suavité que signale saint Jean de la Croix sera cachée sous la souffrance rédemptrice du péché que porte la Sainte et qui lui fait réaliser la mort de Jésus en croix qu'elle a désirée[2]. »

On peut mesurer quel chemin a parcouru la postulante de quinze ans pour en arriver là, neuf ans plus tard seule-

---

1. *La Science de la Croix,* 1957, éd. Nauwelaerts, p. 24.
2. *Je veux voir Dieu,* p. 937. L'abbé André Combes a travaillé sur le rapport entre la mort d'amour selon saint Jean de la Croix et Thérèse de Lisieux dans *Introduction à la spiritualité de sainte Thérèse de l'Enfant-Jésus,*

ment. N'a-t-elle pas dit le jour de sa mort : « ... Tous mes petits désirs ont été réalisés... Alors ce grand *(mourir d'amour)* devra l'être ! » (CJ 30.9) [1].

Ne fait-elle partie de ces êtres dont parle saint Jean de la Croix qui, ayant désiré le martyre avec ardeur, meurent « dans un lit » (CJ 4.8.7) et qui pourtant sont « martyrs d'amour » :

« Voici une âme qui a d'ardents désirs du martyre. Dieu pourra lui dire : " Tu seras martyre " et répandre en même temps en elle une vive consolation, une grande confiance qu'elle le sera. Et finalement, elle ne le sera point. La promesse cependant aura été véritable. Pourquoi ne s'est-elle pas réalisée en ce sens ? Parce qu'elle se réalisera selon ce qu'elle renferme de principal et d'essentiel. Dieu donnera essentiellement à cette personne l'amour et la récompense des martyrs. Il la fera martyre d'amour, il lui donnera un long martyre de souffrance, dont la prolongation sera plus douloureuse que la mort. C'est ainsi qu'il donnera réellement à cette personne ce qu'elle demandait et ce qu'il lui a promis. Le désir de l'âme, en effet, n'était pas de mourir de tel genre de mort, mais de donner à Dieu le témoignage du

---

Vrin, 1948, pp. 464-476. Il remarque que la dépendance est « certaine » par rapport au carme espagnol, tout en soulignant que Thérèse « conserve toute son originalité » (p. 465). Il affirme qu'il y a une « divergence pleinement consciente » entre les deux saints : « Laissant à saint Jean de la Croix la responsabilité et le privilège de ses descriptions flamboyantes, Thérèse cherche beaucoup plus haut le modèle auquel tout chrétien doit se conformer, la doctrine qui enseigne la vérité pure, sans aucun danger d'illusion. Son modèle, c'est le Christ en croix. Sa doctrine, c'est l'extrême sobriété ou le divin silence des évangiles sur l'état d'âme du Crucifié. Ne pouvant douter que Celui qui est substantiellement l'Amour ne soit mort d'amour, c'est sa mort que Thérèse contemple. (...) C'est à cette mort même qu'elle demande la grâce de se conformer. » A. Combes parle de « retour à l'Évangile » (pp. 468-469). Nous arrivons aux mêmes conclusions, mais ayant décrit la mort de saint Jean de la Croix nous atténuons ce que Combes appelle « divergence ».

1. DE, p. 391, Œ/T, p. 1146.

martyre, d'exercer envers lui l'amour comme l'exercèrent les martyrs. Et par le fait, sans cet amour un tel genre de mort est sans valeur. Or, cet amour, cet exercice de l'amour et cette récompense de l'amour, Dieu peut les accorder très parfaitement par une voie autre que le martyre, de façon que, sans avoir la mort des martyrs, l'âme ait la pleine satisfaction de ses désirs » (MC 2,19,13 ; Œ/J, pp. 718-719).

Il était Jean *de la Croix*, elle était Thérèse *de la Sainte-Face*, frère et sœur.

CONCLUSION

« Jésus viendra nous chercher, si loin
que nous soyons Il nous transformera en
flammes d'amour... »

LT 197 (17/9/1896)

« La plus illustre des filles de saint Jean de la Croix... »,
ainsi le P. Marie-Eugène de l'Enfant-Jésus appelait-il Thérèse [1].

Sans avoir traité exhaustivement le sujet de l'influence
du Père espagnol sur la jeune carmélite normande,
nous pensons avoir montré qu'on ne peut la réduire aux
années 1890-1891. La limiter à ces deux années serait une
erreur.

Marquée dès son adolescence par « le Saint de l'Amour
et de la foi », Thérèse ne l'a jamais délaissé. Son influence
se fera sentir jusque dans les affres de son agonie. Telle est
notre conclusion essentielle, fondée sur les textes et les
témoignages.

Nos prédécesseurs n'avaient pas à leur disposition tous
les textes que nous avons depuis les travaux de la Nouvelle
Édition du Centenaire, qui ont duré presque quarante ans.

Ce qui a pu tromper des lecteurs plus superficiels, c'est
que la jeune carmélite, souverainement indépendante, n'a
pratiquement rien retenu de la terminologie sanjuaniste.
On rechercherait en vain dans ses écrits et ses paroles des
mots comme « nuit active du sens, nuits passives de l'es-

1. *Je veux voir Dieu*, p. 698.

prit, passions et tendances, purifications... ». Et on ne trouve pas non plus les images célèbres de Jean de la Croix : la *bûche enflammée*, etc., ni des termes techniques comme l'*acte anagogique*, etc.

Sœur Thérèse a été spontanément à l'essentiel du message de saint Jean de la Croix en le simplifiant sans l'édulcorer. Mais les contextes historiques de ces deux saints étaient très différents.

Jean de la Croix a écrit dans un contexte de chrétienté espagnole du XVIe siècle — le Siècle d'or —, s'adressant à des personnes qui voulaient s'engager profondément dans la recherche de Dieu, et spécialement à ses sœurs carmélites [1].

La « petite » Thérèse écrit — sans l'avoir vraiment voulu, mais « par obéissance » — pour « une légion de *petites âmes* » (Ms B, 5v°). Dans le fond, pour la masse, pour les pauvres, les handicapés de la vie, les stressés de notre monde moderne.

Anticipant sur les textes du Concile Vatican II, qui appelle tous les baptisés à la sainteté, la carmélite écrit dans un contexte qui sera celui de la déchristianisation contemporaine. Son épreuve de la foi et de l'espérance l'a assise à « la table des pécheurs » (Ms C, 6r°).

Le P. Bro a pu dire qu'elle avait « démocratisé la nuit obscure ».

« L'héroïsme de petitesse » de sœur Thérèse est aussi absolu que les propositions les plus radicales de saint Jean de la Croix. On ne peut comparer « la petite voie » à l'union transformante comme si l'une surplombait l'autre : il n'existe pas de sainteté au rabais dans le christianisme. Pas de « petite Thérèse » populaire vis-à-vis d'un « grand

---

1. « Mon but principal, d'ailleurs, n'est pas de m'adresser à tous, mais seulement à quelques membres de notre Ordre des primitifs du Mont Carmel... » (Prologue de *La Montée du Carmel* ; ŒJ, p. 579.)

saint Jean de la Croix » élitiste et aristocratique. Elle est sa fille, dans la même lignée d'une sainteté évangélique [1].

Certes les différences subsistent entre eux. Lui, théologien, ancien élève de l'Université de Salamanque, spirituel épris de l'absolu de Dieu et incomparable poète espagnol, un des plus grands de son siècle. Elle, petite Française qui a quitté sa petite école à treize ans et demi, qui n'a reçu aucune formation théologique et dont les cantiques restent homogènes à la versification religieuse de son époque.

Il demeure qu'au-delà de tout esthétisme on y trouve la même expérience de Dieu, la même expression d'une intense vie spirituelle.

Dans un autre registre Georges Bernanos, profondément tributaire de la spiritualité de Thérèse, écrit, à sa manière quelque peu abrupte :

« ... cette fille mystérieuse (...) a semé ici-bas, de ses petites mains innocentes, de ses terribles petites mains expertes au découpage des fleurs de papier, mais aussi rongées par le chlore des lessives et les engelures, une graine dont rien n'arrêtera plus la germination. (...) Je veux m'éloigner de toute vulgarisation poétique de saint Jean de la Croix — la grossièreté de mon humeur, heureusement, m'interdit les lectures pour moi démesurées. S'il existait un dictionnaire de mystique, je me garderais de l'ouvrir. (...) Redevenez enfants. (...) Êtes-vous capable de rajeunir le monde ? Une Sainte dont la foudroyante carrière montre assez le caractère tragiquement pressant du message qui lui est confié vous invite à redevenir enfants [2]. »

---

1. « À n'en pas douter, la voie d'enfance conduit aux plus hauts sommets de la contemplation et de l'union transformante, décrits par saint Jean de la Croix. Elle les fait gravir dans la paix et la joie. La simplicité de l'enseignement de sainte Thérèse de l'Enfant-Jésus est sublimité de doctrine et le sourire dont elle pare toutes choses est perfection de l'amour » (Père Marie-Eugène, *Je veux voir Dieu*, p. 847).

2. *Les Grands Cimetières sous la lune,* Plon, 1938. À lire pp. 249-275.

Pèlerins de l'absolu, Jean de la Croix et Thérèse de l'Enfant-Jésus et de la Sainte-Face l'ont été, chacun à sa manière, mais selon une formule de Jacques Maritain, la carmélite française « a mis la contemplation sur les chemins [1] ». De son côté, le Père Marie-Eugène de l'Enfant-Jésus, fervent disciple de Thérèse, voulait, lui, mettre la contemplation « dans les faubourgs, sur les boulevards [2] ».

Maritain poursuit : « Cette voie est celle des " pauvres gens ", c'est la " petite voie " que sainte Thérèse de Lisieux a été chargée de nous enseigner : espèce de raccourci — singulièrement abrupt à vrai dire — où toutes les grandes choses décrites par saint Jean de la Croix se trouvent divinement simplifiées et réduites au pur essentiel, mais sans rien perdre de leurs exigences [3]. »

De son côté, Raïssa Maritain, son épouse, une contemplative dans le monde, a écrit : « Le grand besoin de notre âge, en ce qui concerne la vie spirituelle, est de mettre la contemplation sur les chemins. Il convient de marquer ici l'importance du témoignage et de la mission de sainte Thérèse de Lisieux. C'est une grande voie en vérité que la " petite voie ", — et héroïque — mais qui cache rigoureusement sa grandeur sous une absolue simplicité, héroïque elle-même. Et cette simplicité absolue en fait par excellence une voie ouverte à tous ceux qui aspirent à la perfection, quelle que soit leur condition de vie. Sainte Thérèse de l'Enfant-Jésus a montré que l'âme peut tendre à la perfection de la charité par une voie où n'apparaissent pas les grands signes que saint Jean de la Croix et sainte Thérèse d'Avila ont décrits [4]... »

1. *Le Paysan de la Garonne*, pp. 337 et 340. *Carmel,* mars 1968, pp. 114-115.
2. *Carmel,* mars 1968, p. 115.
3. *Op. cit.,* p. 339.
4. *Liturgie et Contemplation,* Paris, 1959, pp. 77-78.

Le P. Lucien de Sainte Marie, carme, éditeur et commentateur de saint Jean de la Croix [1] a pu écrire :

« Ce qui touche au prodige c'est qu'une enfant de dix-sept ans rencontre un génie d'une puissance extraordinaire, le découvre sans stimulant intellectuel dans sa formation, profane ou religieuse, s'en nourrit presque exclusivement pendant deux ans [2], porte sa marque et ne copie pas sa doctrine... Plus on découvre des traces des emprunts faits aux œuvres de saint Jean de la Croix, plus on reste émerveillé de l'autonomie avec laquelle elle les intègre... elle n'a rien d'un commentateur, elle est elle-même [3]. »

Il est vrai que sœur Thérèse, libre, légère, géniale [4], inspirée par l'Esprit-Saint, n'a jamais été une étudiante faisant scrupuleusement des fiches à partir des écrits de son Maître. Sa lecture, avec sa prodigieuse mémoire, a été tout autre, toute tendue vers un unique but : « Aimer Jésus et le faire aimer. » Elle butinait avec ardeur toutes les fleurs dont elle faisait son miel. Elle n'avait aucun scrupule à interpréter librement la pensée du carme espagnol. Nous avons vu qu'elle a d'ailleurs affirmé nettement cette autonomie en répondant à une question de sa novice, sœur Marie de la Trinité : « *D'où vous vient cet enseignement ?* — C'est le bon Dieu tout seul qui m'a instruite. Aucun livre, aucun théologien ne m'a enseigné et pourtant je sens dans le fond de mon cœur que je suis dans la vérité. Je n'ai reçu d'encouragement de personne et, quand l'occasion

---

1. Le P. Lucien (1906-1981) a édité les *Œuvres* de saint Jean de la Croix dans *la Bibliothèque européenne,* DDB, 1959.
2. Notre étude a montré que l'influence de Jean de la Croix dépasse amplement ces deux années 1890-1891.
3. « Thérèse de l'Enfant-Jésus ou l'enfance unie à la maturité », *La Vie spirituelle,* 1952, tome 85, p. 305.
4. Cf. J. Guitton, *Le Génie de Thérèse de Lisieux,* éd. OCL-Emmanuel, 1995. Et P. Marie-Eugène de l'Enfant-Jésus, *Ton amour a grandi avec moi. Un génie spirituel.*

s'est présentée d'ouvrir mon âme, j'étais si peu comprise que je disais au bon Dieu comme saint Jean de la Croix : " Ne m'envoyez plus désormais de messagers qui ne savent pas me dire ce que je veux " » (CS, str. 6).

Humour involontaire ? Pour affirmer son indépendance, Thérèse cite Jean de la Croix et se compare quelque peu à lui[1] !

La conclusion ultime de cette étude appartient à Thérèse mourante. Nous avons déjà cité cette phrase capitale des *Derniers Entretiens* qui met un sceau de vérité sur le parcours que nous avons suivi :

« Ah ! c'est incroyable comme toutes mes espérances se sont réalisées. Quand je lisais St Jean de la Croix, je suppliais le bon Dieu d'opérer en moi ce qu'il dit, c'est-à-dire la même chose que si je vivais très vieille ; enfin de me consommer rapidement dans l'Amour, *et je suis exaucée* ! » (CJ 31.8.9 — C'est nous qui soulignons.) Conclusion indépassable... « Tout est dit, n'est-ce pas ? (...) — Oui » (CJ 19.8.8).

Écoutons encore une fois saint Jean de la Croix qui résume l'histoire thérésienne, œuvre de l'Esprit-Saint : « Dans cette nuit obscure de la contemplation, Dieu (...) instruit l'âme en secret et lui enseigne la perfection de l'amour, sans aucun travail de sa part et sans qu'elle comprenne la nature de cette contemplation » (NO 2,5,1).

* * *

Nous espérons bien, avec d'innombrables amis de sainte Thérèse de Lisieux, la voir déclarée un jour docteur de

---

1. P. Descouvemont, *Une novice de sainte Thérèse,* p. 106.

l'Église[1] comme son « Père » l'a été en 1926[2] et sa « Mère » en 1970[3].

Elle a joué un rôle dans l'obtention du doctorat par son Maître. La gloire universelle de sa canonisation (1925) n'a pas été sans influence sur celle de saint Jean de la Croix : « N'est-ce point un rayon de la gloire de Thérèse qui est monté aujourd'hui vers son bienheureux Père et qui a dissipé la pénombre où il vivait depuis deux siècles[4] ? »

Ne serait-il pas juste que le saint espagnol intercède maintenant en faveur de sa fille, elle qui priait pour qu'il soit proclamé docteur de l'Église[5] ?

Nous l'espérons ardemment. Nous remettons ce souhait, partagé par des centaines d'évêques dans le monde et des centaines de milliers de baptisés, au jugement et à la sagesse de l'Église éclairée par l'Esprit-Saint.

Espérons que ce livre, parmi tant d'autres, pourra contribuer à montrer la profondeur inépuisable de la théologie spirituelle de sainte Thérèse de Lisieux.

---

1. Selon son désir exprimé le 8 septembre 1896 : « Je me sens la vocation de Docteur... » (Ms B, 2v°.) Le dossier a été ouvert en 1932 et repris en 1990.

2. On peut lire la bulle du doctorat de saint Jean de la Croix, du 24 août 1926, signée de Pie XI, dans *Œuvres complètes,* DDB, 1959, pp. IX-XII.

3. Le pape Paul VI a déclaré docteur de l'Église sainte Thérèse d'Avila en 1970, ainsi que sainte Catherine de Sienne.

4. P. Marie-Eugène de l'Enfant-Jésus, *Triduum saint Jean de la Croix,* p. 52.

5. En 1947, le P. Philipon, o.p., auteur de *Sainte Thérèse de Lisieux.* « *Une vie toute nouvelle* », DDB, 1946, écrivait à Mère Agnès de Jésus : « Ce trio a beaucoup à dire au monde moderne. Ce n'est pas deux docteurs qu'a le Carmel, mais trois » (Archives du carmel de Lisieux).

ANNEXES

I. *Statistiques*
Citations de saint Jean de la Croix dans les écrits de sainte Thérèse de Lisieux.

II. *Le signet de bristol* de l'infirmerie renvoyant au *Cantique spirituel* et à *La Vive Flamme d'Amour*.

III. *Quelques opinions* concernant l'influence de saint Jean de la Croix sur sainte Thérèse de Lisieux.

I. Statistiques

Citations de saint Jean de la Croix dans les écrits de sainte Thérèse.

On se reportera aux pages 1554-1556 des *Œuvres complètes* de sainte Thérèse en un seul volume (Cerf-DDB, 1992), qui donnent des tables et des indications sur les notes se rapportant au carme espagnol.

Au total, on trouve une centaine de citations.
Dans le Ms A : 19
Dans le Ms B : 10
Dans le Ms C : 9
Dans les Lettres : 25
Dans les Poésies : 12
Dans les Récréations : 7
Dans le Carnet Jaune (Derniers Entretiens) : 7
Pour un travail affiné, on pourra se reporter à la *Nouvelle Édition du Centenaire* (Cerf-DDB, 1992) :
— Manuscrits autobiographiques : p. 441
— Correspondance générale, tome II : p. 1351
— Récréations pieuses : p. 473.
— Derniers Entretiens : p. 853-854. Cf. Index p. 902.

Bien entendu, un travail approfondi ne devrait pas se contenter de relever les citations explicites.
Il faudrait relever les rencontres de *mots*, d'*images*, de *symboles*, de *tournures* ; ne pas oublier les citations bibliques que Thérèse a trouvées

dans les œuvres de saint Jean de la Croix [1]. Il y aussi des réminiscences inconscientes. À cet égard, on lira avec profit les remarques suggestives d'André Bord, *Jean de la Croix en France,* pp. 204-209.

Je me borne ici à un seul exemple :

Thérèse a parlé des « bras de Jésus » comme d'un « ascenseur » la montant vers la sainteté. Pour cela, elle devait s'abandonner comme un enfant. (Ms C, 3r°.)

De son côté, Jean de la Croix écrit : « L'âme imite en cela les enfants que leurs mères portent dans leurs bras pour leur épargner la peine de marcher. (...) Elle avance beaucoup plus vite que si elle marchait elle-même encore qu'elle ne sente pas, parce que Dieu la porte dans ses bras, (...) l'âme n'a donc qu'une chose à faire, c'est de se remettre entre les mains de Dieu et de s'abandonner à sa conduite paternelle avec une entière confiance » (VFA 3,3 ; OE/J, p. 1163).

Y a-t-il ici une influence directe? Je ne sais (c'est peu probable). Mais on saisit le parallèle des pensées.

II. Le signet de bristol de l'infirmerie

On a retrouvé, dans l'exemplaire du *Cantique spirituel* et de *La Vive Flamme d'Amour* réunis en un seul volume, une fiche de $14 \times 3,3$ cm ; le coin en bas à droite est déchiré. Avec son petit crayon — dont elle s'est servi pour écrire les dernières pages de son dernier manuscrit — elle a noté des pages, d'une écriture tremblée.

Cela prouve à l'évidence que malgré ses grandes souffrances et sa faiblesse, la malade lit ses écrits préférés.

On lit sur cette fiche de bristol de haut en bas :

au recto :   p. 331 3ᵉ ligne   *au verso* :
                 p. 332 les derni   p.p F Var (? illisible)
                 – – 3
                 p. 335 vie
                 337-387 s-
                 339
                 Proverbes 8 v 31
                 274 Elle n'a   Sans doute pr arriv

---

1. « Sur 168 références à l'Écriture Sainte dans l'*Histoire d'une âme*, 48 se trouvent également chez Jean, certaines 5 fois, 7 fois, jusqu'à 9 fois » (A. Bord, *op. cit.,* p. 208).

276 4ᵉ li   à cette délicieuse mo(rt)
282-320   il faudra

Voici le déchiffrage fait dans l'édition des *Derniers Entretiens*, pp. 493-494 :

P. 331, 3ᵉ ligne. Annotation sur la strophe 23 du *Cantique spirituel* qui commence ainsi : « Et comme l'amour véritable et parfait ne sait rien cacher au cœur qu'il aime, il le fait très fréquemment (...) etc. »

P. 332, les derni(ères lignes). Explication de la même strophe :

« C'est là qu'il lui a donné la main en l'entourant de ses faveurs les plus précieuses et de ses plus douces miséricordes, en lui appliquant les mérites de sa Passion et de sa mort, et en faisant cesser l'inimitié qui, depuis le péché originel, avait creusé un abîme entre l'homme et Dieu. »

P. 333. Explication des vers de la strophe 23 :

« Sous le pommier,

Là, vous me fûtes fiancée,

Là, je vous donnai la main. »

P. 335 vie. Sur le signet, Thérèse a encerclé cette référence. Il s'agit de la citation, par saint Jean de la Croix, d'Ézéchiel 16, 5-14. Thérèse avait cité ce passage en son Ms A, 47v°.

Pp. 337-338. Annotation sur la strophe 24 et début de l'explication du

P. 339. vers : « Notre lit est couvert de fleurs. »

Proverbe 8, 31. La citation « Mes délices sont d'être avec les enfants des hommes » se trouve p. 340.

P. 274. Elle n'a. Explication de la strophe 17 du *Cantique spirituel* :

« Elle n'a, en effet, d'autre prétention que de le contenter.

Arrêtez-vous, Aquilon, qui donnez la mort. »

La suite est le commentaire de ce vers, appliqué à l'aridité spirituelle.

P. 276 4ᵉ li. Suite de l'explication du vers : « Soufflez à travers mon jardin. » La 4ᵉ ligne à partir du haut commence ainsi : « Remarquons ici que l'épouse ne dit pas : soufflez dans mon jardin (...), etc. »

P. 282-320. Fin du commentaire de la strophe 17 (p. 282) ; puis commentaire des str. 18 à 23, jusqu'à l'« Explication » de celle-ci, exclusivement.

Il serait intéressant de pousser cette étude. Elle pourrait approfondir nos remarques antérieures.

Mais cette ultime lecture des deux œuvres majeures de saint Jean de la Croix montre que *Thérèse malade, mourante, relit sa vie à la lumière des enseignements de saint Jean de la Croix.*

III. Quelques opinions sur l'influence de saint Jean de la Croix sur sainte Thérèse de Lisieux.

« Pour tout, saint Jean de la Croix m'a aidée à comprendre notre Sainte. »

Mère Isabelle du Sacré-Cœur.
*(Sous-prieure du carmel de Lisieux,
décédée en 1914 à 32 ans.)*

« Je ne puis plus maintenant lire saint Jean de la Croix sans rapprocher sa doctrine de celle de notre sainte petite Thérèse. J'y trouve des profondeurs insondables dans ces rapprochements tellement justes... Seulement, saint Jean de la Croix nous montre la croix nue et Thérèse la croix couverte de roses, mais les épines, pour être dissimulées, n'en existent pas moins... »

Père Travert.
*(Aumônier du carmel de Lisieux de 1923 à 1942.
Dit à sœur Marie de la Trinité en 1942.)*

« Ces guides ès-science mystique, ces docteurs en science d'amour, l'Église nous les présente, ce sont sainte Thérèse d'Avila, la mère spirituelle (maintenant Docteur de l'Église depuis 1970), saint Jean de la Croix, le Docteur mystique, sainte Thérèse de l'Enfant-Jésus, leur fille, la plus grande maîtresse de vie spirituelle des temps modernes, une des plus grandes de tous les temps. »

P. Marie-Eugène de l'Enfant-Jésus, o.c.d.
(Je veux voir Dieu, pp. 320-21.)

« Ce fut le contact de saint Jean de la Croix qui fournit au génie personnel de sainte Thérèse de Lisieux l'occasion de déployer ses propres ailes. Même inspirée par lui, à la manière des grands artistes créateurs, elle demeurera elle-même, gardant sur toutes choses son regard limpide d'enfant. »

P. Philipon, o.p.
(Sainte Thérèse de Lisieux, DDB, 1946, p. 31.)

« Dans son originalité et sa totale indépendance d'expression, sainte Thérèse de l'Enfant-Jésus est plus proche de saint Jean de la Croix que certains commentateurs littéraux, certains imitateurs livresques de *la Montée du Mont Carmel.* Ce mimétisme est toujours inauthentique mais il est plus dangereux qu'ailleurs dans le domaine de la mystique. »

P. Lucien de Sainte-Marie, o.c.d.
(Actualité de saint Jean de la Croix, Cerf, 1968, p. 12.)

« Sans le titre, Thérèse est devenue un véritable Docteur de l'Église, autant que son Père spirituel (Jean de la Croix) à qui elle doit tant d'encouragement. (Mais) elle garde son originalité. »

P. Conrad De Meester, o.c.d.
(AL, mai 1991, n° 701, p. 3.)

« Thérèse sera le Docteur du réveil mystique du xxiᵉ siècle. »

Frère Éphraïm.
(Sur Marthe Robin, Éd. du Lion de Juda, 1990, p. 90.)

« Thérèse a reçu de Jean un langage, un style de vie, une doctrine, son double esprit (Ms B, 4r°) qui témoigne d'une parfaite filiation spirituelle. Thérèse va transmettre au grand public de notre époque l'essentiel du message de Jean de la Croix et son exigence qui est celle de l'Amour. »

André Bord.
(Jean de la Croix en France, p. 218.)

« Dès sa forme première, la vocation de Thérèse est une vocation de " compassion ", au sens le plus précis : pour et avec les pécheurs. C'est ainsi que le Christ, se faisant un avec les pécheurs dans l'obscurité de leur péché même, les a sauvés en continuant d'aimer divinement, au comble d'une désolation plus poussée que toutes celles qu'aucun d'eux puissent jamais connaître. S'associer ainsi au Christ jusque dans l'extrémité de son " Mon Dieu, mon Dieu, pourquoi m'as-tu abandonné ? " c'est vraiment participer à la rédemption en participant à l'amour qui en est l'âme, dans son intégrité. Pour autant, c'est plonger sans doute dans une nuit plus profonde même que la nuit obscure de la foi telle que Jean de la Croix l'a évoquée. (...) Si le mot de " corédemption " peut avoir un sens, c'est seulement s'il existe pour le chrétien une telle possibilité de s'unir de la sorte au Christ dès ici-bas. »

P. Louis Bouyer.
(*Figures mystiques féminines, Thérèse de Lisieux, Cerf, pp. 134-135.*)

BIBLIOGRAPHIE

I. Œuvres de sainte Thérèse de Lisieux

1. Nouvelle Édition du Centenaire, Cerf-DDB, 1992, comprenant huit volumes :

- *Manuscrits autobiographiques*
  Manuscrit A (1895) adressé à Mère Agnès de Jésus
  Manuscrit B (septembre 1896) adressé à Sœur Marie du Sacré-Cœur
  Manuscrit C (juin-juillet 1897) adressé à Mère Marie de Gonzague
- *Correspondance générale (2 volumes)*
  266 Lettres de Thérèse et celles de ses correspondants
- *Poésies*
  54 Poésies (1893-1897)
- *Théâtre*
  8 Récréations (1893-1897)
- *Prières*
  21 Prières
- *Derniers Entretiens*
  Dernières paroles recueillies par ses sœurs durant sa dernière maladie (2 volumes)

Cette édition existe aussi en un seul volume, *Œuvres complètes,* Cerf-DDB, 1992, 1 600 pages : intégralité des textes avec des introductions et une annotation réduites.

2. Témoignages et documents divers

— *Procès de l'ordinaire,* Rome, 1973
— *Procès apostolique,* Rome, 1976
— Revue *Vie thérésienne,* 14100 Lisieux, 31, rue du Carmel
• Spécialement VT 73, 74, 75, 77 (Carnets sœur Marie de la Trinité)
• *Le carnet scripturaire de Thérèse* :
  VT 78 (avril 1980) pp. 146-160
  VT 79 (juillet 1980) pp. 215-240
  VT 80 (janvier 1981) pp. 60-68
  (Tous ces articles signés D.C.L. sont de sœur Cécile, o.c.d.)

P. Descouvemont et H. N. Loose, *Thérèse et Lisieux,* Cerf, OAA, OCL, Novalis, 1991, pp. 170-173.
P. Descouvemont et H. N. Loose, *Sainte Thérèse de Lisieux, La vie en images,* Cerf, OAA, OCL, Novalis, 1995. Sur Jean de la Croix, pp. 350-353.
Sœur Geneviève, *Conseils et Souvenirs,* Foi Vivante, Cerf, 1988. Spécialement pp. 51, 70, 80, 148, 160, 162, 192.

II. Œuvres de saint Jean de la Croix

1. À l'usage de Thérèse

• Le *Cantique spirituel et La Vive Flamme d'Amour,* trad. Carmélites de Paris, éd. Douniol et Cie, 1875, en un seul volume (description précise en DE, p. 843). XIV + 416 + 379 pages.
À la fin, deux sermons prêchés par Mgr Landriot, archevêque de Reims, aux carmélites de Reims, le 24 novembre 1867 et le 24 novembre 1872, pp. 315-366. On pourra les lire en VT 144 et 145 avec une introduction et des notes de sœur Cécile, o.c.d. (nous citons habituellement cette édition, celle de Thérèse).
• *Maximes et Avis spirituels de notre Bienheureux Père Saint Jean de la Croix,* trad. Carmélites de Paris, éd. H. Oudin, 1895, 106 pages. Il s'agit d'une anthologie tirée des œuvres du Saint. Il est donc impossible de renvoyer aux éditions habituelles.

2. *Œuvres complètes* de saint Jean de la Croix, Cerf, 1990, 1 volume,

1 872 pages. Traduction par Mère Marie du Saint-Sacrement, o.c.d. Édition établie, révisée et présentée par Dominique Poirot, o.c.d.

Le lecteur n'ayant pas les textes lus par Thérèse, nous renvoyons à cette édition entre parenthèses (OE/J).

III. Divers

CRISOGONO DE JESÚS SACRAMENTADO, *Vida de San Juan de la Cruz* (Biblioteca de autores cristianos, 435), Madrid, la Editorial Católica, 11ᵉ éd. 1982. Traduction française sur l'édition de 1974 par Pierre SÉROUET, o.c.d., *Jean de la Croix. Sa vie,* Cerf, 1982, 404 pages.

P. MARIE-EUGÈNE DE L'ENFANT-JÉSUS

— *Je veux voir Dieu,* éd. du Carmel, 1949, surtout pp. 821-859. Voir la table analytique, Doctrine : p. 1091.

— *Jean de la Croix. Présence de lumière,* éd. du Carmel, 1991.

— *Triduum* sur sainte Thérèse de Lisieux, à Lisieux, 1927.

— *Retraite sacerdotale* à Notre-Dame de Vie, septembre 1965, extraits parus dans *Ton amour a grandi avec moi. Un génie spirituel, Thérèse de Lisieux,* éd. du Carmel, 1987, pp. 31-80.

— « Sainte Thérèse de l'Enfant-Jésus, docteur de la vie mystique », Institut catholique de Paris, 1947, dans *Ton amour a grandi avec moi,* pp. 85-169.

A. COMBES : *Introduction à la spiritualité de Sainte Thérèse de l'Enfant-Jésus,* Vrin, 1948.

A. BORD : *Jean de la Croix en France,* Beauchesne, 1993. Sur Thérèse de Lisieux, pp. 203-218.

ANGEL DE LES GAVARRES, *Carisma de Teresa de Lisieux. Su itinerario espiritual a la luz de sus Manuscritos autobiograficos,* Barcelona, Esinsa, 1993, 364 p. (Je n'ai pu lire ce livre qui confronte l'itinéraire thérésien aux étapes sanjuanistes.)

IV. Articles concernant l'influence de saint Jean de la Croix sur sainte Thérèse de l'Enfant-Jésus et de la Sainte-Face (dans l'ordre chronologique)

CLAUDIO DE JESÚS CRUCIFICADO, o.c.d., « La Beata Teresa del Niño Jesús, discipula fiel de san Juan de la Cruz », *El Monte Carmelo,* n° 27, 1923, pp. 285-291; 464-467; 530-534.

BRUNO DE JÉSUS-MARIE, o.c.d., « La Fille de saint Jean de la Croix », *Carmel* 10, 18/5/1925, pp. 136-142.

PAUL TRAVERT, « Saint Jean de la Croix et sainte Thérèse de l'Enfant-Jésus », *Annales de Lisieux,* 1927, pp. 161-164.

LUCIEN-MARIE DE SAINT-JOSEPH, o.c.d., « Renouveau thérésien », *Études carmélitaines,* t. 20, octobre 1935, volume II. Sur Thérèse de Lisieux, pp. 133-144.

LOUIS DE LA TRINITÉ, o.c.d., « Sainte Thérèse de Lisieux dans la spiritualité du Carmel », *Études et Documents,* 8, 1939, pp. 64-78.

PIERRE BLANCHARD, « Sainte Thérèse de l'Enfant-Jésus, fille de Saint Jean de la Croix », *L'Année théologique,* 8, 1947, pp. 425-438.

P. MARIE-EUGÈNE DE L'ENFANT-JÉSUS, o.c.d., « La Doctrine de Saint Jean de la Croix », *Sainte Thérèse de l'Enfant-Jésus, docteur de la vie mystique,* Carmel, Petit Castelet – Tarascon, sept.-oct. 1947, pp. 150-153.

GABRIEL DE SAINTE MARIE-MADELEINE, o.c.d., « Thérèse et Jean de la Croix », préface à l'*Introduction à la spiritualité de Thérèse de l'Enfant-Jésus,* d'André COMBES, paru en italien, Firenze, 1949.

GABRIEL DE SAINTE MARIE-MADELEINE, o.c.d., « St Therese's Little Way and the Teachings of St John of the Cross », *Spiritual Life* 2, 1956, pp. 74-92.

LUCIEN DE SAINTE MARIE, o.c.d., « Thérèse de Lisieux ou l'enfance unie à la maturité », *La Vie spirituelle,* tome 85, 1952, pp. 304-323.

STANISLAS FUMET, *Mikaël. Qui est comme Dieu ?* Cerf, 1954, 246 pages. Sur Thérèse, pp. 165-215.

CH. A. BERNARD, « L'Influence de saint Jean de la Croix sur sainte Thérèse de l'Enfant-Jésus », *Revue d'ascétique et de mystique,* n° 32, 1956, pp. 69-80.

GENNARO Camillo, o.c.d., « La Fiamma viva e santa Terese del Bambino Gesu », *Rivista di vita spirituale,* 11, 1957, pp. 278-287.

P. GRÉGOIRE DE JÉSUS CRUCIFIÉ, o.c.d., « Les Nuits sanjuanistes vécues par sainte Thérèse de l'Enfant-Jésus ». Traduit de l'espagnol, Supplément de *La Vie spirituelle,* n° 63, 1962, pp. 611-643.

P. STÉPHANE-JOSEPH PIAT, « Saint Jean de la Croix et la belle aventure thérésienne », *Vie thérésienne,* n° 19, 1965, pp. 141-152.

M-D. POINSENET, « Voie d'enfance spirituelle et Montée du Carmel, Thérèse de Lisieux et Jean de la Croix », *Vie thérésienne,* n° 17, 1965, pp. 11-24.

MARIACHER Maria-Noemi, *Una spiritualita viva : S. Giovanni delle Cruce e Santa Teresa di Lisieux,* Roma, Centro Studi USMI, 1973, 112 pages.

Simeon de la Sagrada Familia, o.c.d., « Presencia de S. Juan de la Cruz en la vida y en los escritos de santa Teresa del Niño Jesús », *El Monte Carmelo,* n° 81, 1973, pp. 333-358 ; n° 82, 1974, pp. 365-378 ; n° 83, 1975, pp. 319-329.

Latimer Christopher, « Therese and the Dark Night », *Little Flower* 55, 1975, n° 5, pp. 19-23 ; n° 6, pp. 16-22.

Setien Emeterio Garcia, o.c.d., « Monte Carmelo y santa Teresita del Niño Jesús », *El Monte Carmelo,* n° 83, 1975, pp. 93-136.

Ernest Mura, « Thérèse à l'école du Docteur mystique », *Vie thérésienne,* 1977, n° 66, pp. 108-118.

François Girard, « Dans le Christ total : de Jean de la Croix à Thérèse de l'Enfant-Jésus », *Jésus-Christ, rédempteur de l'homme,* éd. du Carmel, 1986, pp. 227-260.

Michel Grison, « Thérèse de Lisieux, disciple de saint Jean de la Croix », *Thérèse de Lisieux parmi ses frères les saints,* éd. Saint Paul, 1987, pp. 119-136.

Emmanuel Renault, « Présence de saint Jean de la Croix dans la vie et les écrits de sainte Thérèse de l'Enfant-Jésus », *Carmel,* 1990/3, n° 58, pp. 2-30. Repris en *Vie thérésienne,* n° 121, 1991, pp. 29-51.

Margaret Dorgan, o.c.d., « Therese, a Later-Day Interpreter of John of the Cross », *Experiencing St Therese Today,* ICS Publications, Washington, 1990, pp. 97-118.

Conrad De Meester, o.c.d., « Thérèse et Jean de la Croix », *Annales de Lisieux,* 701, mai 1991, pp. 2-3.

Conrad De Meester, en néerlandais :

1. « De orkestleider en de violiste (Le chef d'orchestre et la violoniste) », *Innerlijk Leven,* 45, 1991, pp. 6-20.

2. « Als de leerlinge er (haast) evenveel van weet... (Quand le disciple en sait [presque] autant...) », *ibid.,* pp. 138-152.

3. « Groeien naar volmaakte twee-éénheid (Croître vers l'unité parfaite) », *ibid.,* pp. 224-239.

4. « Het strijkstokprobleem van Thérèse van Lisieux (Le problème d'archet de Thérèse de Lisieux) », *ibid.,* pp. 280-291.

5. « Twee door God gefascineerde leraars (Deux docteurs fascinés par Dieu) », *ibid.,* pp. 340-356.

Gabriele di S.M. Maddalena, o.c.d., « Nella luce di san Giovanni della Croce », dans *Santa Teresa di Lisieux,* Carmelo S. Giuseppe, Roma, 1991. Reprise d'articles précédents, dont « S. Giovanni della Croce maestro e padre di S. Teresa di Gesu Bambino », pp. 47-75.

Guy Gaucher, « Mourir d'amour dans *La Vive Flamme* », dans *Jean de la Croix, un saint, un maître,* Éd. du Carmel, 1992, pp. 315-351.

TABLE DES MATIÈRES

Sigles utilisés   9
Avant-propos   13

CHAPITRE PREMIER

DES BUISSONNETS À L'INFIRMERIE DU CARMEL.   15
« Souffrir et être méprisée ».   23
Thérèse au Carmel.   27
Sur les flots de la confiance et de l'amour.   29
Un trésor caché (1892-1893).   35
Les carnets de Céline (1894-1895).   38
Le témoignage capital de sœur Marie de la Trinité. . .   40
La voie d'enfance.   44
L'Acte d'Offrande à l'Amour Miséricordieux
   (9 juin 1895).   45
   « Ma vocation, enfin je l'ai trouvée... ». . . . .
   (8 septembre 1896)   47
De l'exil au Royaume (1897).   52

CHAPITRE II

LE SAINT DE L'AMOUR.   55
« Le Saint de l'Amour par excellence ».   57

CHAPITRE III

CE MAÎTRE DE LA FOI.   81
Jésus ne lui dit absolument rien.   88

L'oraison : sommeil de Thérèse et sommeil de Jésus   94
Pas de consolations.   96
Purifications.   97

CHAPITRE IV

LA FOLIE DE L'ESPÉRANCE.   121
Espérance et pauvreté.   123
La vie cachée avec le Dieu caché.   133

CHAPITRE V

MOURIR D'AMOUR DANS LA VIVE FLAMME.   143
L'Amour consumant et transformant.   146
La mort d'amour.   159

CONCLUSION.   175

ANNEXES.   185

BIBLIOGRAPHIE   193

Présentation générale de la collection
épiphanie

Les ouvrages issus des traditions spirituelles occidentales sont regroupés par grandes familles. Trois niveaux de lecture sont proposés dans ces collections : *Initiations*, pour les ouvrages d'un abord plus facile introduisant aux grands thèmes ou aux grandes figures d'un courant spirituel ; *Biographies*, pour les récits et les travaux historiques concernant des personnages marquants d'une tradition ; *Documents*, pour les travaux universitaires et les publications de textes, parfois inédits, présentés ici d'une manière abordable par tous.

épiphanie - carmel

Initiations

E. Pacho : *Initiation à S. Jean de la Croix.*

G. Stinissen : *Découvre-moi ta présence, rencontre avec S. Jean de la Croix.*

P. Descouvemont : *Sur la terre comme au ciel, une novice de sainte Thérèse.*

C. De Meester : *Les Mains vides.*

P.-M. Févotte : *Aimer la Bible avec Élisabeth de la Trinité.*

P.-M. Févotte : *Virginité, chemin d'amour à l'école d'Élisabeth de la Trinité.*

Ph. Ferlay : *Paix et silence avec Élisabeth de la Trinité.*

E. Renault : *Épreuves de la foi.*

G. Gaucher : *La Passion de Thérèse de Lisieux.*

G. Gaucher : *Jean et Thérèse. Flammes d'amour.*

S. Vrai : *« Laisse-toi aimer. » Itinéraire spirituel avec Élisabeth de la Trinité.*

J. Rémy : *Regards d'amour. Élisabeth de la Trinité et Jean de la Croix.*

M. Herraiz Garcia : *L'Oraison, une histoire d'amitié.*

Jean de la Croix : *Pensées.*

G. Stinissen : *Comment faire oraison ? Un itinéraire sur les traces de Thérèse d'Avila.*

Biographies

C. De Meester : *Frère Laurent de la Résurrection.*

H. Baudouin-Croix : *Léonie Martin, une vie difficile.*

M. Carrouges : *Au revoir les enfants, Père Jacques.*

E. de la Madre de Dios : *Mère Catherine du Christ , la compagne de Thérèse d'Avila.*

J. Vinatier : *Mère Agnès de Jésus.*

Teresa de los Andes : *Journal.*

Teresa de los Andes : *Correspondance.*

Documents

Bruno de Jésus-Marie : *Le Sang du Carmel.*

Sr Marie de l'Incarnation : *La Relation du martyre des seize carmélites de Compiègne, textes présentés par W. Bush.*

C. De Meester : *Dynamique de la confiance.*

C. De Meester : *Les Plus Belles Pages d'Élisabeth de la Trinité.*

M. Acarie : *Lettres spirituelles.*

D. Poirot : *Jean de la Croix, connaissance de l'homme et mystère de Dieu.*

D. Poirot : *Jean de la Croix poète de Dieu.*

Achevé d'imprimer en février 1997
sur les presses offset de l'Imprimerie Bussière
à Saint-Amand (Cher)

— N° d'édition : 10331. — N° d'impression : 454. —
Dépôt légal : septembre 1996.